R

A

M. V. COUSIN,

Hommage

D'UN ÉLÈVE.

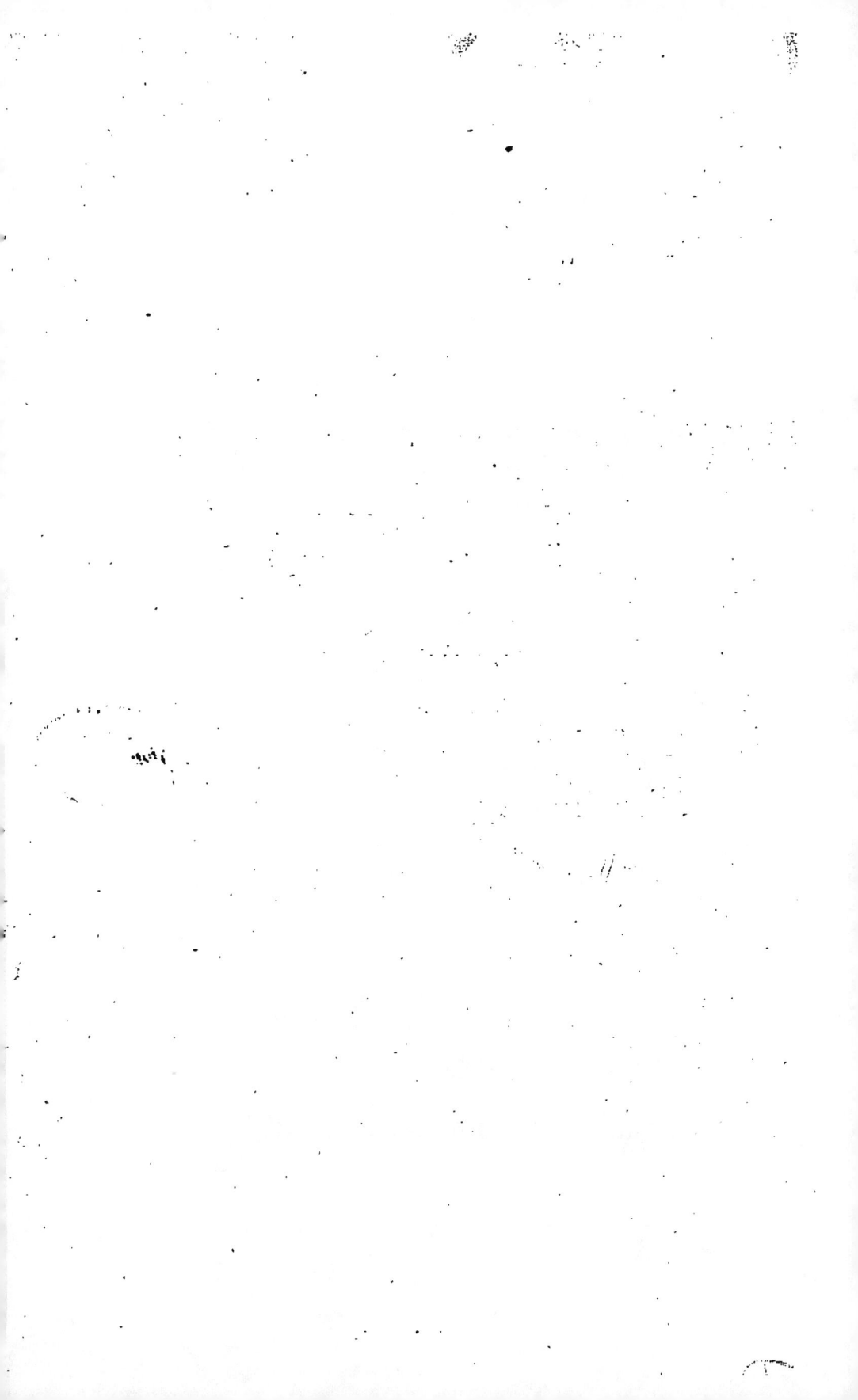

DISCUSSION

DES

ANTINOMIES KANTIENNES.

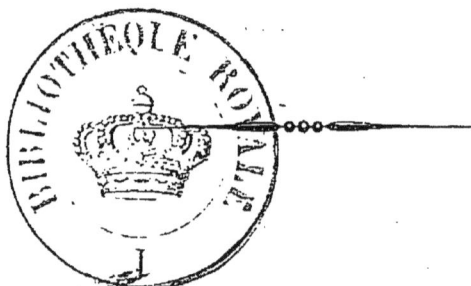

PARIS,

IMPRIMERIE DE MOQUET ET COMP.,

RUE DE LA HARPE, 90.

MVCCCXLI.

DISCUSSION

DES

ANTINOMIES KANTIENNES.

Le moyen le plus certain pour infirmer l'autorité de la raison, c'est de soutenir et de démontrer, si on le peut, qu'elle se contredit elle-même. Il n'y a pas contre la vérité philosophique d'objection plus grave que celle que l'on tire de la variété et de l'opposition des systèmes; et si l'on prouve que cette opposition est nécessaire, que, hors de la sphère de l'expérience, l'esprit humain est condamné à se combattre perpétuellement et à détruire son propre ouvrage, ne sera-t-il pas convaincu de son impuissance par l'argument le plus décisif, et ne renoncera-t-il pas sans retour à agiter des questions qui excèdent sa portée?

C'est ce que les sceptiques de tous les temps ont parfaitement compris ; mais ils mettaient plutôt en lumière les contradictions réelles de l'esprit humain, qu'ils n'en démontraient la nécessité. Il était réservé à l'auteur de la philosophie critique de donner aux anciennes attaques des sceptiques contre notre faculté de connaître, une forme nouvelle et plus rigoureuse, de les conduire aussi loin qu'il est humainement possible, et de paraître toutefois condamner la raison avec l'impartialité d'un juge, au lieu de la combattre avec les préventions d'un ennemi. Non seulement, selon Kant, la raison se contredit elle-même, ainsi que l'histoire en fait foi, mais cette lutte est inévitable, et la vraie philosophie explique pourquoi elle est inévitable. Sur certaines questions, dont le nombre est exactement déterminé, l'esprit humain se surprend à faire des réponses contradictoires, qu'il peut soutenir des deux côtés avec une égale force et par des raisonnements que la critique la plus sévère trouve pareillement démonstratifs. Ce sont là les *antinomies* dont l'idéalisme kantien triomphe, et qui parlent plus haut pour sa cause que les théories, souvent admirables de profondeur, mais difficiles à entendre, de l'æsthétique et de la logique transcendentales. Aussi Kant n'hésite-t-il pas à déclarer que c'est surtout de l'effet produit par les antinomies sur les esprits sincères, qu'il attend leur conversion aux principes de la philo-

sophie critique, et l'abandon définitif du dogmatisme (1).

Nous ne nous proposons pas de résoudre ici
toutes les difficultés que soulèvent les questions
au nom desquelles la dialectique de Kant prétend
confondre la raison dogmatique ; notre seul but,
dans ce travail, est de discuter les antinomies, telles
que les présente la Critique de la raison pure, et
de prouver qu'elles ne sont pas solidement établies,
et ne peuvent en conséquence fournir aucun argument à l'idéalisme transcendental. Sans doute,
la raison humaine a des bornes, elle ne comprend
pas tout et n'explique pas tout ; mais, dans les limites qui lui sont imposées, elle atteint la vérité,
éclaire l'homme, et se montre faite pour gouverner
le monde. Qu'elle se contredise manifestement
une seule fois, son autorité est anéantie, et le
genre humain est plongé dans les ténèbres. Heu--
reusement les contradictions qu'on lui impute
n'ont rien de réel ; et s'il est vrai que jamais elles

(1) Lectorem criticum in hac antinomia potissimum velim
versari, quoniam eam natura ipsa videtur proposuisse, ut
ratio in sententiis audacter arrogatis ad se revocaretur, ad se
ipsamque examinandam cogeretur.... Sic lector miro evento
eo adductus fuerit, ut ad examinandam, quæ fundamento
est, sumtionem regrediatur, sese coactum sentiet, prima
universæ cognitionis ex ratione pura stamina profundius me-
cum anquirere. *Prolegomena ad Metaph. quamque Futur.*
§ 52. b. *Edit. Born.*

n'ont été exposées avec plus de force que dans la dialectique de Kant, nous avons la confiance, qu'après un examen attentif, tous les esprits impartiaux déclareront que cette lutte intestine de l'esprit humain est purement imaginaire.

———

Avant d'entreprendre la discussion des antinomies, nous devons faire connaître quelle origine Kant leur attribue, pourquoi il soutient qu'elles sont au nombre de quatre, et qu'il ne peut y en avoir davantage.

Au dessus de l'intelligence et de ses catégories, s'élève la raison qui ne contient qu'une idée principale, la notion de l'absolu. L'absolu a pour caractère essentiel d'être sans condition, ou plutôt de renfermer en lui la totalité des conditions. De même qu'il n'y a pas de jugement sans l'aide des catégories de l'intelligence, il n'y a pas de raisonnement sans l'intervention de l'idée fondamentale de la raison (1): tout raisonnement suppose en effet que la majeure est certaine, c'est-à-dire que toutes les conditions dont elle dépend existent véritablement et sont réellement données.

Autant il y a de formes de raisonnement,

_____

(1) *Dialect. transcend. De usu logico rationis.*

autant il y a d'applications générales de l'idée
suprême de la raison. Or les raisonnements sont ou
catégoriques, ou hypothétiques, ou disjonctifs (1).
De là, trois conceptions métaphysiques fort différentes (2). 1° Idée de la totalité des conditions
dans la relation de l'attribut au sujet, ou idée de
l'unité absolue du sujet pensant. 2o Idée de la
totalité des conditions dans la relation des phénomènes les uns aux autres, ou de l'unité absolue
de la série des phénomènes. 3° Idée de la totalité
des conditions des existences réelles, considérées
comme ne formant qu'un seul système; ce qui
revient à concevoir l'unité absolue de toutes les
réalités possibles, ou l'être idéal que l'on appelle
proprement *natura naturarum* (3).

(1) *Ibid. Cf. Matthiæ, Manuel de philos. Logique*, III,
§ 90, sqq. traduct. de *M. Poret*.

(2) Ac *primum* quidem genus harum conclusionum argu-
tantium absolutam unitatem spectabat conditionum singula-
rium et subjectivarum omnium omnino repræsentationum
(subjecti sive animæ), ad convenientiam cum ratiocinationi-
bus *categoricis*, quarum propositio (major), qua principium,
affectionem enunciat attributi ad subjectum. *Alterum* argu-
menti dialectici genus igitur , ex analogia ratiocinationum
hypotheticarum , in unitate absoluta conditionum objectivarum in viso materiam inveniet, quemadmodum *tertium* genus,
quod sequenti capite tractabitur, in absoluta unitate conditionum objectivarum possibilitatis objectarum rerum in genere
versabitur. *Dial. transc.* c. II, *init.*

(3) Quamobrem , quæ in sola ratione inest, res ideali ejus
proposita *natura originaria* (ens originarium), quatenus

La deuxième idée est la seule qui donne matière aux antinomies. En attribuant aux deux
autres une valeur objective, l'esprit humain fait
des paralogismes, mais ne produit aucune démonstration concluante (1). Il ne se contredit
positivement qu'en attribuant une valeur objective à l'idée de l'unité absolue dans la série des
phénomènes.

Cette idée générale donne naissance à quatre
conceptions secondaires que Kant appelle *idées
cosmologiques*, parce qu'elles ont toutes rapport
au monde, qu'il regarde comme l'ensemble des
phénomènes (2). Conformément aux catégories de
l'entendement, il y a, dans les phénomènes,
quatre espèces de séries auxquelles s'applique la
raison pour former les idées cosmologiques.

---

nullam sese habet superiorem, *natura summa* (ens summum),
et, quatenus universa, ut ad conditiones adstricta, illi subsunt, *natura naturarum* (ens entium) appellatur. *Dial. transc.*
c. III, sect. II, *de ideali transcendentali*.

(1) *Dialect. transc.* c. I, *de paralogismis rationis puræ ;* et
c. III, *Ideale rationis puræ.*

(2) Ideas, in quibus in præsens occupamur, supra ideas
cosmologicas nominavimus, partim propterea, quod vocabulo
mundi complexum omnium visorum intelligimus, nostræque
ideæ etiam tantummodo absolutum spectant in visis ; partim
quoque, quoniam verbo mundi, sensu transcendentali, universitas absoluta designatur complexus eorum, quæ in veri-
tate rerum apparent, nobisque etiam sola universitas syntheseos (quamquam duntaxat proprie in regressu ad conditiones) proposita videtur. *Systema idearum cosmologic.*

Première idée. Unité absolue dans la série des phénomènes, considérés comme des quantités extensives qui remplissent le temps et l'espace (1). Cette série qui n'est autre que le monde, étant proposée comme un tout réel, l'esprit se fait nécessairement cette question : le monde est-il fini ou infini? La raison répond qu'il est fini et qu'il est infini; elle prouve les deux thèses opposées avec une égale force : première contradiction.

Deuxième idée. Unité absolue dans la série des parties réelles de chaque phénomène, considéré comme ayant une existence propre hors du sujet (2). Un tout substantiel étant proposé à l'esprit, cette question devient inévitable : la substance composée a-t-elle des parties simples ou est-elle divisible à l'infini? La raison répond qu'elle a des parties simples et qu'elle est divisible à l'infini; elle démontre les deux thèses opposées : deuxième contradiction.

Troisième idée. Unité absolue dans la série des phénomènes considérés comme causes les uns des autres (3). Cette série étant proposée comme réelle, l'esprit se fait cette question : Dans la succession des causes y a-t-il un premier terme qui ne relève d'aucun autre, ou la chaîne des causes

(1) Universitas absoluta *compositionis* totius visorum dati. *Antin. rationis puræ*, sect. I, *systema idearum cosmologic*.

(2) Universitas absoluta *partitionis* totius dati in viso. *Ibid*.

(3) Universitas absoluta *originis* visi in genere. *Ibid*.

se prolonge-t-elle à l'infini ? Plus simplement :
La liberté existe-t-elle ou n'existe-t-elle pas ?
Double réponse de la raison : il existe des causes
libres; — il n'y a aucune cause libre; des deux
côtés arguments également démonstratifs : troisième contradiction.

Quatrième idée. Unité absolue dans la série
des phénomènes considérés comme autant d'existences contingentes (1). L'ensemble des phénomènes nous étant proposé comme actuellement
existant, il faut répondre à cette question : La
série des conditions de l'existence contingente
a-t-elle un premier terme, ou n'en a-t-elle pas ?
Existe-t-il, ou non, une nature absolue ? La raison
prouve que l'être absolu existe ; elle prouve avec
la même force qu'il n'y a point d'être absolu :
quatrième contradiction.

Voilà quatre antinomies inévitables pour la
raison dogmatique. Il n'y en a pas un plus grand
nombre, parce que l'intelligence ne conçoit pas
d'autre série dans le monde des phénomènes. Les
quatre questions cosmologiques que nous avons
indiquées sont l'arène où la raison se combat et
s'épuise (2).

(1) Universitas absoluta *dependentiæ existentiæ* mutabi-
lium in viso, seu phænomeno. *Ibid.*

(2) His assertionibus argutantibus arena aperitur dialectica,
ubi quæque pars, cui impetum facere licet, superior discedit,

Telle est, selon Kant, l'origine et le cercle des contradictions rationnelles. Suivons le dans cette arène; montrons que la raison n'y est pas naturellement engagée, que si on l'y pousse, l'adversaire qu'elle rencontre, ce n'est pas elle-même, mais l'idéalisme transcendental, avec lequel on ne peut équitablement la confondre.

PREMIER COMBAT DES IDÉES TRANSCENDENTALES.

Thèse. « Le monde a un commencement dans le temps et des limites dans l'espace. »

Démonstration. « Supposons en effet que le » monde n'ait pas de commencement dans le temps: » alors, à chaque instant de sa durée, une éternité » entière sera écoulée, et avec elle une série in- » finie d'états successifs des choses dans le monde. » Or, l'infinité d'une série consiste précisément » en ce que cette série ne peut jamais être ac- » complie par une synthèse successive. Donc, » la série des états antérieurs du monde ne peut » être infinie, et, par conséquent, c'est une con- » dition nécessaire de l'existence du monde qu'il » ait eu un commencement : premier point qu'il » fallait démontrer.

» Supposons maintenant que le monde n'ait

is autem profecto erit inferior, qui tuendo se defendendoque gerere cogitur. *Antin. rationis puræ*, sect. II, *init.*

» pas de limites dans l'espace : alors, il forme un
» tout infini composé de choses qui apparaissent
» toutes ensemble. Or, nous ne pouvons nous
» faire une idée de la grandeur d'un composé,
» qui n'est point renfermé dans de certaines bornes
» sensibles, par aucun autre moyen que par la
» synthèse successive de ses parties, et concevoir la
» totalité d'un tel composé, que par l'accomplisse-
» ment de cette synthèse, c'est-à-dire, de l'addi-
» tion successive des diverses unités partielles.
» Ainsi donc, pour que nous venions à nous faire
» l'idée du monde, considéré comme un tout qui
» remplit tous les espaces, il faut que nous puis-
» sions regarder la synthèse infinie et successive
» des parties du monde comme accomplie et par-
» faite, ou, en d'autres termes, le temps infini
» que l'on doit employer à nombrer toutes ces
» parties apparaissant ensemble, comme entière-
» ment écoulé; ce qui est d'une impossibilité ma-
» nifeste. C'est pourquoi l'universalité des choses
» qui apparaissent dans la réalité ne peut être
» considérée comme un tout véritablement donné,
» et par conséquent comme un ensemble existant.
» Donc le monde n'a pas une étendue infinie,
» mais est renfermé dans de certaines limites :
» second point qu'il fallait démontrer. »

Antithèse. «Le monde n'a point de commencement dans le temps, ni de limites dans l'espace;

la durée et l'étendue du monde sont toutes deux
infinies. »

Démonstration. « Supposons que le monde ait
» un commencement. Dire qu'une chose a un
» commencement, c'est dire qu'avant elle un
» certain temps s'est écoulé où elle n'existait pas.
» Il faut donc qu'un certain temps se soit écoulé
» pendant lequel le monde n'existait pas, c'est-à-
» dire qu'il y ait eu un temps vide. Or, dans un
» temps vide, nulle existence ne peut commencer;
» car il n'y a dans un temps de cette sorte aucun
» moment qui offre, de préférence aux autres,
» une raison suffisante pour que l'existence vienne
» y prendre la place du néant (soit que l'être se
» produise de lui-même, soit qu'une cause étran-
» gère lui donne naissance). Ainsi donc, plusieurs
» systèmes d'êtres pourront se développer succes-
» sivement dans le monde, mais le monde lui-
» même ne peut avoir de commencement, et il
» existe depuis un temps infini.

» Quant au second point, supposons d'abord
» que le monde ait des limites et soit circonscrit
» dans l'espace; il se trouve alors dans l'espace
» vide, qui n'a, lui, aucunes bornes. D'où il ré-
» sulte que non seulement les choses ont des rap-
» ports mutuels dans l'espace, mais qu'elles ont
» aussi une relation à l'espace. Mais comme le
» monde est un tout complet, hors duquel l'ex-

» périence n'a plus rien à découvrir, et qui n'a
» pas, comme on dit, de terme corrélatif avec
» lequel il soutienne un rapport déterminé, le
» rapport du monde à l'espace vide devient une
» relation à un pur néant. Mais une telle relation,
» et par conséquent la limitation du monde par
» l'espace vide, est entièrement chimérique ; donc
» le monde n'a point de bornes dans l'espace, ou,
» en d'autres termes, l'étendue du monde est
» infinie. »

Discussion de la thèse.

« Supposons que le monde n'ait point de com-
» mencement dans le temps : alors, à chaque ins-
» tant de sa durée, une éternité entière sera
» écoulée.... » Le terme *éternité* est impropre;
l'éternité ne s'écoule pas; elle n'est point successive; le temps seul s'écoule, et il n'est pas éternel,
c'est-à-dire infini, mais seulement indéfini. Il
fallait donc dire : à chaque instant de sa durée un
temps indéfini sera écoulé. — « Et avec elle une
» série infinie d'états successifs des choses dans le
» monde. » Une série n'est pas, et ne peut jamais
être infinie; il ne doit être question ici que d'une
série indéfinie, composée de termes finis, et limitée d'un côté. — « Or, l'infinité d'une série
» consiste précisément en ce que cette série ne
» peut jamais être accomplie par une synthèse
» successive. » Nous avons dit que rien n'est plus

impropre que de parler de l'infinité d'une série;
ajoutons qu'il implique contradiction qu'une série, ou quoi que ce soit, ait le caractère d'infinité
et ne soit jamais accompli : l'essence de l'infini est
d'être accompli; l'infini est toujours tout ce qu'il est,
il ne devient jamais, et il ne faut pas en attribuer
le caractère à ce qui demeurera sans cesse infiniment au dessous de l'infini. Si le principe proposé
par Kant s'applique à une série indéfinie, il est
très véritable, en ce sens que la synthèse successive dont il est parlé, ne peut jamais être comprise
dans un espace de temps déterminé, et que, si
elle commence à un certain moment, elle ne sera
jamais terminée. — « Donc la série des états an-
» térieurs du monde ne peut être infinie...» La
conséquence n'est pas rigoureuse. Sans doute, la
série ne peut être infinie, mais rien n'empêche
qu'elle soit indéfinie; elle a une limite en un point,
il est vrai, mais, de l'autre côté, elle n'en a pas.
La synthèse successive qui mesure cette série, en
partant du moment présent et remontant dans le
passé, ne trouve jamais où s'arrêter, puisqu'il n'y
a pas de premier moment pour le monde : donc
elle n'est, dans ce sens-là, jamais accomplie; elle
convient donc parfaitement à une série indéfinie.
—La conséquence précédente ne pouvant se soutenir entraîne avec elle toute la démonstration,
et il n'est pas prouvé que le monde ait un commencement dans le temps.

En écartant la notion de l'infini, qui est intro-
duite mal à propos dans cette démonstration, on
peut ainsi résumer le raisonnement de Kant : Si
le monde n'a pas de commencement, une série
sans terme est à chaque instant accomplie; Or,
une série sans terme ne peut jamais être accomplie;
Donc le monde a un commencement. La majeure
est certaine, c'est une proposition identique : Si
le monde a toujours duré jusqu'aujourd'hui, le
passé du monde est sans limite. La mineure de-
mande interprétation : une *série sans terme* signifie en même temps une série qui n'a qu'un terme,
et une série qui n'en a pas. Or, ici, dans l'hypothèse, il s'agit d'une série qui a un terme, et c'est
d'une telle série que la raison déclare qu'elle n'est
jamais accomplie, c'est-à-dire, qu'elle ne peut s'accomplir dans un temps déterminé, ou dans une
durée qui ait deux termes. La mineure se réduit
donc à cette proposition incontestable : Une série
qui n'a qu'une limite ne peut être renfermée dans
une durée qui ait deux limites. Or, il faudrait,
pour que la conclusion fût rigoureuse, que l'hypothèse, en proposant une série qui n'a qu'une
limite, prétendît renfermer cette série dans une
durée doublement limitée. Mais l'hypothèse consiste précisément à proposer une durée illimitée;
donc une série illimitée n'est pas exclue par l'hypothèse. Ainsi la conclusion n'est pas fondée.

Discutons maintenant le second point. — « Sup-

» posons que le monde n'ait pas de limites dans
» l'espace : alors, il forme un tout infini composé
» de choses qui apparaissent toutes ensemble. »
Un composé, pas plus qu'une série, ne peut être
infini ; l'infini est essentiellement simple. Remarquons encore que le monde peut être répandu dans
l'espace indéfini, sans que ses parties remplissent
véritablement tout l'espace. Il est possible qu'elles
soient disséminées, comme les astres le sont dans
l'univers ; et l'hypothèse discutée ne préjuge rien
sur la question du vide. Il est vrai que même alors
le nombre de ces parties serait indéfini ; mais telle
est la nature de l'indéfini, qu'une quantité indéfinie peut être plus grande qu'une autre qui ait le
même caractère. — « Or, nous ne pouvons nous
» faire une idée de la grandeur d'un composé, qui
» n'est point renfermé dans de certaines bornes
» sensibles, par aucun autre moyen que par la
» synthèse successive de ses parties, et concevoir
» la totalité d'un tel composé, que par l'accom-
» plissement de cette synthèse, c'est-à-dire, de
» l'addition successive des diverses unités partiel-
» les. » Ce principe ne s'applique qu'à une classe
d'idées, et il ne faut point lui donner une valeur
universelle. Il est excellent pour les idées distinctes
des quantités que nous pouvons connaître et mesurer par expérience. Mais il y a des quantités qui
sont en dehors de toute expérience, et des idées
que l'on conçoit sans se représenter distincte-

ment leur objet; tels sont l'indéfini et l'idée de l'indéfini. Serait-il conforme à la raison d'entreprendre l'addition des unités que contient le nombre indéfini, pour arriver à concevoir ce nombre ? — « Ainsi donc, pour que nous venions à nous » faire l'idée du monde, considéré comme un tout » qui remplit tous les espaces, il faut que nous » puissions regarder la synthèse infinie et succes- » sive des parties du monde comme accomplie et » parfaite, ou, en d'autres termes, le temps infini » que l'on doit employer à nombrer toutes ces » parties apparaissant ensemble, comme entière- » ment écoulé; ce qui est d'une impossibilité ma- » nifeste. » Il est impossible d'admettre que, pour se faire l'idée d'un tout indéfini, il faille en compter successivement les diverses parties, ce qui revient à dire que l'expérience doit nous donner l'idée de l'indéfini. Or, on prouve facilement que l'expérience n'a qu'une faible part dans la formation d'une telle idée, et que l'esprit humain ne concevrait jamais l'indéfini, s'il devait en recevoir la notion d'une représentation sensible, ou d'une synthèse expérimentale. Remarquons encore que s'il résulte du faux principe admis par l'argument, que nous n'avons pas encore l'idée d'une quantité indéfinie, on n'est pas en droit d'en conclure que cette idée est impossible. Elle a pour condition une durée sans terme, et, si le temps à venir n'a point de limite, il présente à l'esprit tout ce qui est nécessaire pour l'accomplissement d'une telle notion. — «C'est pourquoi l'universalité des choses » qui apparaissent dans la réalité, ne peut être » considérée comme un tout véritablement donné, » et par conséquent comme un ensemble actuel- » lement existant. » Il y a ici deux conclusions mêlées, et cependant fort distinctes l'une de l'autre. Voici la première : Nous ne pouvons concevoir l'universalité des choses existant en nombre indé- fini, comme un tout actuellement perçu par nous ; en d'autres termes, nous ne pouvons avoir l'idée d'un composé indéfini. Cette conclusion serait lé- gitime si les propositions précédentes étaient vé- ritables ; mais nous avons vu que les principes in- voqués plus haut ne peuvent se soutenir. La se- conde conclusion est celle-ci : Nous devons juger qu'un composé indéfini n'existe pas actuellement. Et sur quoi s'appuie-t-elle ? nous ne lui trouvons que ce motif unique, à savoir, que notre esprit ne peut concevoir un composé indéfini. Mais c'est conclure de l'idée à l'être, ou plutôt imposer à la réalité les limites de notre esprit ; et quand même ces limites seraient démontrées, le raisonnement n'aurait aucune valeur. De ce que je ne puis con- cevoir une propriété des choses, une loi de la na- ture, un caractère métaphysique des êtres, il ne m'est pas permis de conclure que cette propriété, cette loi, ce caractère n'existent pas (1). — « Donc

(1) En vertu de l'argument, il faudrait juger que deux

» le monde n'a pas une étendue infinie, mais est
» renfermé dans de certaines limites; » conséquence qui n'est autorisée par rien de ce qui précède.

Ce second argument comprend deux parties :
dans la première, Kant veut prouver que nous ne
pouvons avoir l'idée d'un composé indéfini ; dans
la seconde, il affirme, sans démonstration, qu'un
composé indéfini n'existe pas actuellement, puisque nous ne pouvons le concevoir. Le raisonnement qu'il fait à l'appui de la première proposition peut se réduire en ces termes : Pour
concevoir un tout indéfini, il faudrait avoir fait
la synthèse successive de tous les éléments qui le
composent ; Or, cette synthèse ne peut jamais
être accomplie ; Donc il est impossible de concevoir un tout indéfini. La majeure est une assertion psychologique en contradiction avec les
lois de l'esprit humain. Pour concevoir un objet,
il n'est pas toujours nécessaire de se le représenter;
une synthèse expérimentale n'est pas la condition
de toutes nos idées ; l'idée d'une quantité indéfinie est particulièrement de celles qui se forment
par d'autres moyens, et que la raison accomplit
avec un très petit nombre d'indications données

choses que l'on ne peut connaître que successivement, n'existent pas ensemble, et si l'on presse ce faux principe, on arrive bientôt à la maxime d'Héraclite : Rien n'est, tout devient.

par l'expérience. Par conséquent, et malgré la
vérité de la mineure, la conclusion est sans force.
D'ailleurs, que prouverait-elle? Que nous n'avons
pas l'idée de l'indéfini? Mais rien de plus vain en
général qu'une argumentation dont le but est de
démontrer que l'entendement humain n'a pas telle
ou telle idée ; car, une des premières conditions
imposées à l'esprit qui veut suivre les lois de la
raison, c'est de savoir ce qu'il combat, et, dans le
cas dont il s'agit, d'argumenter au nom de l'idée
même qu'il essaie de nier. — En second lieu, déci-
der que ce dont nous n'avons pas l'idée distincte
n'existe certainement pas, est un paralogisme
contre lequel les esprits les moins exercés sont en
garde. Rien n'est moins conforme au génie de
Kant qu'un tel paralogisme, puisque l'idéalisme
transcendental met un abîme entre les idées de
notre entendement et les véritables lois des choses.
Mais pourquoi imputer à la raison dogmatique
un sophisme que la saine logique repousse éner-
giquement?

Discussion de l'Antithèse.

« Dire qu'une chose a un commencement,
» c'est dire qu'avant elle un certain temps s'est
» écoulé où elle n'existait pas. Il faut donc, si
» l'on suppose que le monde a un commencement,
» qu'un certain temps se soit écoulé pendant le-

» quel le monde n'existait pas, c'est-à-dire, qu'il
» y ait eu un temps vide. » C'est reconnaître que
le temps n'a point de limites, et le distinguer de
la succession visible, du mouvement et de l'ordre
des phénomènes. La distinction est très juste, et
Kant a ici raison contre Platon et Leibnitz. Il ne
faut pas faire de l'existence des choses une condition du temps ; la durée abstraite est indépendante de toute réalité, et si le monde a un commencement, un temps indéfini est écoulé avant la
naissance du monde. — « Or, dans un temps vide,
» nulle existence ne peut commencer ; car il
» n'y a dans un temps de cette sorte, aucun mo-
» ment qui offre, de préférence aux autres, une
» raison suffisante pour que l'existence vienne y
» prendre la place du néant (soit que l'être se pro-
« duise de lui-même, soit qu'une cause étrangère
» lui donne naissance).» On doit accorder qu'à
ne considérer que la durée abstraite, il n'y a pas
de raison suffisante pour qu'une existence commence à un instant plutôt qu'à tout autre. Il est
certain, d'ailleurs, qu'un être ne naîtra pas spontanément après un temps indéfini où il n'était pas ;
l'être qui a en lui-même sa raison d'être, n'a pas
de commencement, mais aussi il est au dessus du
temps, et la succession ne l'atteint pas. Est-il également certain qu'une cause, douée d'un pouvoir
créateur, ne produira pas un être à un certain
moment de la durée indéfinie, dont tous les instants

offrent une parfaite similitude ? Elle ne le produira
pas, dit-on, parce qu'il n'y a aucune raison suffisante pour que le commencement de l'existence
soit placé dans un temps plutôt que dans un autre.
L'argument n'est pas démonstratif. Très manifestement, rien ne devient sans une raison suffisante; mais aussi, dès qu'il y a une raison suffisante,
tout peut devenir. Or, y a-t-il une raison suffisante pour que le monde, s'il doit être fini,
commence aujourd'hui, par exemple? Oui, et cette
raison, c'est la volonté et l'action de la cause qui
produit le monde. Mais on objecte que cette cause
ne fait rien sans raison suffisante, et qu'elle n'a
pas de raison pour faire commencer le monde
aujourd'hui ou un siècle plus tard. C'est préjuger
ce qui est en question; nous supposons que le
monde doit être fini, que Dieu a une raison suffisante pour produire le monde ; pour qu'il ne le
produise pas, il faut qu'une cause l'en empêche.
Cette cause est-elle externe? Non ; tout se prête
en dehors de lui à l'exercice de sa puissance, rien
ne s'y oppose. Est-elle interne ? Oui, selon l'argument : Dieu ne choisit pas quand il n'a pas de
raison pour choisir; la sagesse de Dieu s'oppose
à ce que la puissance divine s'exerce. Mais si la
sagesse s'oppose à l'action par le motif que l'on
invoque, elle sollicite l'action par cet autre motif.
que Dieu a une raison suffisante pour produire le

monde. La question revient donc à savoir si le premier motif est aussi fort que le second, ou si l'un des deux l'emporte sur l'autre. Or, la vérité est que le second l'emporte sur le premier. Nous voyons, d'un côté, qu'il est indifférent d'agir, de l'autre, qu'il est moralement nécessaire d'agir ; la nécessité morale doit forcer l'indifférence. Que la raison qui sollicite Dieu à produire le monde ait le caractère de nécessité morale, c'est ce que l'on ne conteste pas ici. Que l'autre motif, opposé à celui-là, n'aboutisse dans l'esprit de Dieu qu'à l'indifférence, voici ce qui le prouve : Aucune partie du temps n'est préférable à une autre pour recevoir l'être ou pour devenir le premier moment d'une certaine existence, mais aussi aucune partie n'est, sous ce rapport, inférieure aux autres ; le choix entre ces diverses parties n'est déterminé par aucun titre, mais aussi il ne blesse aucun titre ; donc le choix est indifférent. Ainsi, à ne considérer que le temps, la cause productrice est dans l'indifférence pour agir ; à la considérer elle-même, elle est moralement nécessitée à agir ; le second motif est donc plus fort que le premier, et la puissance divine, conformément à la sagesse divine, passe à l'action. La similitude absolue des parties du temps n'est donc pas une raison suffisante pour qu'un monde fini ne soit point produit ; et le principe de la raison suffisante ne prouve pas « que le monde ne

» peut avoir de commencemeut, et qu'il existe
» depuis un temps infini. »

Voici en résumé l'argument de Kant ou plutôt
de Leibnitz (1) : Rien n'est sans une raison suffisante ; Or il n'y a pas de raison suffisante pour
que le monde commence à exister dans un temps
plutôt que dans un autre ; Donc, l'existence du
monde n'a pas de commencement dans le temps.
La majeure est le premier, et l'on peut dire, l'u-
nique principe métaphysique, puisqu'il est le fondement de tous les autres. Mais , si la première
proposition est évidente, la seconde n'est pas véritable. On ne tient compte dans la mineure que de
la nature du temps, qui rend la cause productrice
indifférente à agir, et l'on ne prend pas en considération la nature même de cette cause, qui la détermine à l'action. D'un côté, le choix est indifférent,
et il n'aura pas lieu, si rien ne presse la puissance

(1) *Oper. metaphys. passim.* Voyez surtout la controverse
avec Clarke. — « C'est une fiction semblable , c'est-à-dire,
» impossible, de supposer que Dieu ait créé le monde quel-
» ques millions d'années plutôt. Ceux qui donnent dans ces
» sortes de fictions, ne sauraient répondre à ceux qui argumen-
» teraient pour l'éternité du monde. Car, Dieu ne faisant rien
» sans raison, et point de raison n'étant assignable pourquoi
» il n'ait point créé le monde plus tôt , il s'ensuivra, ou qu'il
» n'ait rien créé du tout, ou qu'il ait produit le monde avant
» tout temps assignable, c'est-à-dire que le monde soit éter-
» nel. » *Réponse à la troisième réplique de Clarke,* § 15.

divine ; de l'autre côté, le choix est moralement nécessaire, puisque l'on suppose que le monde doit être, et être fini. Un choix, indifférent sous un rapport, et moralement nécessaire sous un autre, doit s'accomplir, suivant les règles de la raison ; loin qu'il soit en contradiction avec le principe de la raison suffisante,il est déterminé par ce principe. La mineure n'est donc pas véritable, et il n'y a plus de démonstration.

« Quant au second point, supposons d'abord » que le monde ait des limites, et soit circonscrit dans l'espace ; il se trouve alors dans l'espace vide, qui n'a, lui, aucunes bornes.» La conséquence est rigoureuse. L'espace n'est, pas plus que le temps, un corollaire de l'existence des choses ; il ne con-siste ni dans l'étendue visible, ni dans l'ordre de juxtaposition des composés ou des éléments ma-tériels ; il est au contraire la condition de l'une et de l'autre. L'étendue visible et la situation des corps (quelle que soit d'ailleurs l'essence des corps), supposent l'espace et ne le constituent pas. Si le monde a des bornes, il est donc dans un espace vide qui s'étend indéfiniment de toutes parts. — «D'où il résulte, que non seulement les » choses ont des rapports mutuels dans l'espace, » mais qu'elles ont aussi une relation à l'espace. » Non pas les choses, mais la forme des choses, ou plutôt de l'ensemble des choses, à proprement par-ler, la figure du monde. — « Mais comme le monde

» est un tout complet, hors duquel l'expérience
» n'a plus rien à découvrir, et qui n'a pas, comme
» on dit, de terme corrélatif avec lequel il sou-
» tienne un rapport déterminé... » il est très certain qu'il n'y a pas, dans l'hypothèse, d'existence
réelle, c'est-à-dire de force substantielle en dehors
du monde ; il est très certain, par la même raison,
que, hors du monde, l'expérience n'a plus rien à
découvrir ; mais faut-il en conclure que le monde
n'a, sous aucun rapport, de terme corrélatif ? la
conclusion serait trop étendue. Le monde a une
figure ; on peut abstraire par la pensée cette figure,
qui est essentielle à l'univers fini ; or, cette figure
abstraite est un espace limité, une partie déterminée de l'espace indéfini. Mais l'espace est corrélatif à l'espace, tout autant que l'existence
réelle est corrélative à l'existence réelle. On ne
peut donc soutenir que le monde n'a absolument
aucun terme corrélatif. Rien n'est plus déterminé
que le rapport d'une étendue définie à l'espace indéfini qui la circonscrit ; ce rapport constitue les
limites de l'étendue définie, et avec les limites,
la figure. L'essence de toutes les figures géomé-
triques, qui sont les objets le plus nettement
entendus par l'esprit humain, se résout, en dernière analyse, dans le rapport d'une étendue, dont
la quantité est indifférente, à l'espace indéfini qui
la borne, et qui est en même temps borné par elle.
— « Le rapport du monde à l'espace vide devient

» une relation à un pur néant. » Le rapport de la figure du monde à l'espace environnant est la relation du semblable au semblable ; et quand même on considérerait dans le monde, non plus seulement la figure, mais l'existence réelle, on ne serait pas fondé à dire que le rapport de cette existence à l'espace vide est la relation de l'être au pur néant. Le pur néant n'est rien et ne peut être conçu, il n'a aucune propriété, on ne peut rien en dire de positif, il échappe à la mesure, et la détermination ne lui convient absolument pas. Mais nous concevons l'espace abstrait, nous reconnaissons qu'il a des dimensions, nous démontrons qu'il est indéfini ; la géométrie nous apprend à le mesurer, et elle le détermine perpétuellement. L'espace vide a donc un grand nombre de caractères qui le distinguent du pur néant, et la proposition que nous discutons ne peut se soutenir (1).

(1) Voyez *Clarke, controverse avec Leibnitz.* — « Je crois » que toutes les notions qu'on a eues touchant la nature de » l'espace, ou que l'on peut s'en former, se réduisent à celles- » ci : l'espace est un pur néa t , ou il n'est qu'une simple » idée, ou une simple relation d'une chose à une autre, ou » bien il est la matière, ou quelque autre substance, ou la » propriété d'une substance.

» Il est évident que l'espace n'est pas un pur néant. Car le » néant n'a ni quantité, ni dimensions, ni aucune propriété. » Ce principe est le premier fondement de toute sorte de » science ; et il fait voir la seule différence qu'il y a entre ce » qui existe et ce qui n'existe pas.... » *Cinquieme réplique ,* § 36 sqq.

— « Mais une telle relation, et par conséquent la
» limitation du monde par l'espace vide, est en-
» tièrement chimérique. » Cette conséquence
renferme une double erreur : la relation de l'être
à l'espace vide n'est point chimérique; la relation de la figure à l'espace indéfini l'est bien moins
encore. Nous ne voyons donc rien qui légitime la
conclusion : « que le monde n'a point de bornes
» dans l'espace, ou en d'autres termes, que l'éten-
» due du monde est infinie. »

Résumons : Si le monde a une étendue finie, il
soutient un rapport avec l'espace vide; Mais un
tel rapport est la relation de l'être au néant, et
par conséquent n'a rien de réel; Donc l'étendue
du monde n'est pas finie, mais infinie. La première
proposition est vraie, pourvu que l'on entende
que c'est particulièrement à la figure du monde
que s'applique le rapport dont on parle. Si l'on
fait cette réserve légitime, la mineure tombe d'elle-
même; car il est impossible de soutenir que le
rapport de la figure à l'espace est la relation de
l'être au néant. D'ailleurs il est faux, à quelque
point de vue que ce soit, d'assimiler l'espace vide
au néant, qui n'a aucune propriété, et ne peut
être entendu. Par conséquent, la conclusion est
sans valeur.

La discussion de la première antinomie nous
co duit à ce résultat, que ni la thèse ni l'anti-

thèse ne sont démontrées, et que la raison dogmatique n'est pas ici en contradiction avec elle-même.

DEUXIÈME COMBAT DES IDÉES TRANSCENDENTALES.

THÈSE. « Toute substance composée est la réunion
de plusieurs substances simples, et il n'y a dans
le monde que des éléments simples et les composés de ces éléments. »

Démonstration. « Supposons que les substances
» composées n'aient pas pour parties des éléments
» simples : alors, si l'on supprime par la pensée
» toute composition, il ne restera aucune partie
» composée, et comme dans l'hypothèse, il n'y a
» pas de parties simples, il ne restera non plus
» aucune partie simple ; par conséquent, il ne
» restera absolument rien, et il n'y a réellement
» pas de substances. Ainsi donc, ou il est impos-
» sible que l'on supprime toute composition par
» la pensée, ou, si l'on peut la supprimer, il faut
» nécessairement qu'il reste quelque chose de
» réel qui ne soit pas composé, c'est-à-dire quel-
» que élément simple. Dans le premier cas, le
» composé ne serait point formé d'éléments sub-
» stantiels ; (car avec de tels éléments la compo-
» sition n'est rien de plus qu'une relation fortuite
» entre des substances, qui, indépendamment de
» ce rapport, doivent avoir toute leur réalité,
» comme autant de natures douées d'une existence

» propre). Mais comme ce cas est en contradic-
» tion avec l'hypothèse, il ne reste que le second
» membre de l'alternative, à savoir, que tout
» composé substantiel en ce monde soit formé
» d'éléments simples. »

« De là résulte immédiatement qu'il n'y a
» d'autres réalités dans le monde que des sub-
» stances simples; que toute composition est
» seulement une relation externe entre ces sub-
» stances; et qu'enfin, bien que nous ne puis-
» sions jamais distraire de cet état de composition
» les éléments substantiels, et les isoler entière-
» ment, la raison est cependant obligée de les
» considérer comme le fond réel de chaque com-
» posé, et comme autant de natures simples,
» préexistantes au composé. »

ANTITHÈSE. «Aucune chose composée n'est formée
» de parties simples, et dans toute l'étendue du
» monde, il n'existe absolument rien de simple. »

Démonstration. « Supposez qu'une chose com-
» posée (en tant que substance) ait pour éléments
» des parties simples. Comme toute relation ex-
» terne, et, par conséquent aussi, toute composition
» de substance ne peut avoir lieu que dans l'es-
» pace, il s'ensuit, qu'autant il y a de parties
» dans le composé, autant il faut reconnaître de
» parties dans l'espace que le composé occupe.
» Or, l'espace n'est pas formé de parties, mais

» d'espaces. Donc chaque partie du composé oc-
» cupe nécessairement un certain espace. Mais
» les parties véritablement premières du composé
» sont simples ; donc l'élément simple occupe un
» certain espace. Mais comme toute existence
» réelle qui occupe l'espace contient en soi divers
» éléments placés hors les uns des autres, et par
» conséquent se trouve composée, formant un
» composé réel, non d'accidents (car les accidents
» ne peuvent sans substances être hors les uns
» des autres), mais de substances, il faut né-
» cessairement conclure que l'élément simple est
» un composé substantiel, ce qui implique con-
» tradiction.

« La seconde partie de l'antithèse, à savoir,
» qu'il n'existe absolument aucune substance
» simple dans le monde, ne signifie rien de plus,
» si ce n'est que l'existence d'une nature parfai-
» tement simple ne peut être démontrée par au-
» cune expérience, par aucune perception interne
» ou externe, et qu'ainsi la simplicité parfaite de
» nature ne réside que dans une pure idée, dont
» la réalité objective ne peut être garantie par
» aucune expérience possible. Une telle idée, par
» rapport aux phénomènes et à leur application,
» est donc sans objet et de nul usage. Supposons,
» en effet, que l'on puisse trouver un objet cor-
» respondant à cette idée transcendentale, et
» soumis à l'expérience : il faut alors qu'une cer-

» taine représentation empirique nous soit don-
» née, avec ce caractère manifeste de ne point
» comprendre en elle divers éléments distincts
» les uns des autres, et réunis seulement sous la
» loi de l'unité. Mais comme de ce fait, que nous
« n'avons point conscience d'une telle variété d'é-
» léments, on ne peut conclure que certainement
» cette variété n'existe pas dans la représentation
» de l'objet perçu ; et comme d'un autre côté,
» cette conclusion est absolument nécessaire pour
» nous convaincre de l'existence d'une nature
» simple, il s'ensuit qu'aucune perception, quelle
» quelle soit, ne peut nous fournir la preuve
» d'une telle existence. Ainsi donc, puisqu'un
» objet d'une simplicité absolue ne peut jamais
» nous être proposé dans une expérience, et
» puisque le monde sensible doit être considéré
» uniquement comme le système de toutes les
» expériences possibles, on est forcé d'admettre
» que nulle part, dans la nature, un élément sim-
» ple ne se rencontre et ne nous est proposé. »

« Le second membre de l'antithèse a beaucoup
» plus d'étendue que le premier, en vertu du-
» quel l'élément simple est exclu seulement de
» la représentation sensible d'un composé. Mais
» en vertu du second, l'élément simple est exclu
» absolument de la nature des choses. C'est ce
» qui explique pourquoi il était impossible de
» prouver l'existence d'un tel élément, soit à

» l'aide du concept d'un objet proposé aux sens
» externes (et par conséquent composé), soit
» au nom du rapport d'une nature quelconque à
» une expérience possible, dans les conditions les
» plus générales de l'expérience.

Discussion de la Thèse.

« Supposons que les substances composées n'aient
» pas pour parties des éléments simples : alors, si
» l'on supprime par la pensée toute composition,
» il ne restera aucune partie composée, et comme
» dans l'hypothèse il n'y a pas de parties simples,
» il ne restera non plus aucune partie simple ; »
si l'on suppose que la substance composée n'a pas
de parties simples, on suppose en même temps
qu'elle est indéfiniment composée, et que l'on ne
peut, ni en réalité, ni par la pensée, supprimer
en elle toute composition. Il ne faut pas pour
refuter une hypothèse la tenir d'abord pour
contradictoire. — « Par conséquent, il ne restera
» absolument rien, et il n'y a réellement pas de
» substances. » Supprimer toute composition, c'est
supprimer toutes les parties réelles de la substance
composée ; s'il ne reste rien après la suppression,
on ne peut en conclure qu'il n'y avait pas de sub·
stances. Rien n'est en dehors de la réalité ; en
résulte-t-il que la réalité n'est pas ? — « Ainsi
» donc, ou il est impossible que l'on supprime

¹) HEGEL, WISSENSCHAFT DER LOGIK, Bd. I, p. 186

» toute composition par la pensée, ou, si l'on
» peut la supprimer, il faut nécessairement qu'il
» reste quelque chose de réel qui ne soit pas com-
» posé, c'est-à-dire quelque élément simple. »
C'est là la véritable position de la question : ou
plutôt, il faut reconnaître, avant toute argumentation, que des termes mêmes de l'hypothèse, il s'ensuit l'impossibilité manifeste de supprimer la composition dans la substance divisible, et prouver
ensuite, si la logique le permet, que cette conse-
quence est en opposition certaine avec la raison
On peut regretter que cette preuve, dans laquelle
se résume tout l'argument de la thèse, ait reçu de
Kant trop peu de développement. La voici sous sa
forme concise : « Dans le premier cas, le composé
» ne serait point formé d'éléments substantiels ;
» (car, avec de tels éléments, la composition n'est
» rien de plus qu'une relation fortuite entre des
» substances qui, indépendamment de ce rapport,
» doivent avoir toute leur réalité, comme autant
» de natures douées d'une existence propre). » [1]
Nous ne croyons pas qu'après une mûre réflexion
on puisse la trouver démonstrative. « S'il est im-
» possible de supprimer toute composition, le
» composé n'est point formé de substances.» Avant
d'examiner les motifs de ce jugement, l'esprit se
fait cette question très naturelle : le composé est-
il une substance ? si non, tous les arguments que
l'on produira seront vains ; si oui, il sera donc

formé de substances, puisque tous ses éléments ont
la même nature que lui. A cet argument qu'il
était facile de prévoir, on oppose que la réunion
de plusieurs substances en un tout n'est que la
relation fortuite de certaines natures, qui ont en
dehors de cette relation toute leur réalité. Dire
que la composition n'est rien qu'une relation fortuite, c'est affirmer qu'il existe naturellement et
primitivement des éléments simples, indépendants
du composé; c'est supposer ce qu'il faut démontrer. Sans doute, nous ne nous arrêtons pas à un
élément divisible dans une décomposition mentale,
et l'analyse à laquelle nous soumettons la substance composée, est, par cette raison même, sans
terme; mais, de ce que notre pensée peut rompre
une relation, il ne résulte pas que cette relation
soit fortuite, et que, dans la réalité, ses divers termes soient, ou aient été indépendants. Le monde
est plein de rapports nécessaires, aux éléments
desquels nous imposons par la pensée une sépa-
ration dont on ne peut rien conclure pour la nature des choses. Selon l'hypothèse, la composition
est essentielle à l'être, et la relation des éléments
n'est pas fortuite, au sens que l'on propose ici. Par
conséquent, pour combattre logiquement l'hypothèse, on ne peut admettre en principe la contingence entière du rapport qui unit les parties de
la substance. La substance composée peut-elle
toujours se diviser? oui sans doute, mais à la con-

dition qu'elle se divise en éléments composés.
Quelle que soit la nature du lien qui réunit ces
éléments, certainement, ils seront substantiels,
si le composé donné est substantiel. Au point de
vue de l'hypothèse, les parties sont essentiellement
semblables au tout ; la substance divisible nous
est connue d'ailleurs par l'intermédiaire de la
perception et présentée comme une réalité actuelle : comment la divisibilité sans terme du
composé fournirait-elle une objection contre la
réalité de la substance, ou contre l'analogie des
parties et du tout ? Cette analogie, qui est la conséquence immédiate de l'hypothèse, s'opposera
toujours victorieusement aux arguments par lesquels on entreprendra de prouver que, s'il est
impossible de supprimer toute composition, le
composé n'est point formé de substances. Si l'esprit
critique ne démontre pas par d'autres considérations que l'impossibilité d'arriver au terme de la
décomposition est contraire aux principes ra-
tionnels, nous serons en droit de conclure que la
seconde antinomie est tout aussi imaginaire que
la première. — « Mais comme ce cas est en con-
» tradiction avec l'hypothèse, il ne reste que le
» second membre de l'alternative, à savoir, que
» tout composé substantiel en ce monde soit formé
» d'éléments simples. » L'hypothèse répugne à ce
que la substance composée n'ait pas d'éléments
substantiels ; mais il n'est pas prouvé que, dans

le cas où l'on ne peut supprimer toute composition, les éléments ne sont pas des substances. La
conséquence à laquelle on arrive en faveur du
second membre de l'alternative, est donc sans
fondement.

Résumons l'argument : Un composé dans lequel
on ne peut supprimer toute composition, n'est pas
formé d'éléments substantiels ; Or, la substance
composée est formée d'éléments substantiels ; Donc
on peut supprimer toute composition dans la
substance composée, qui par conséquent a des
parties simples. On n'invoque à l'appui de la majeure que ce principe : toute composition entre des
substances est une relation fortuite ; mais ce principe n'est pas un axiome, et il ne paraît pas qu'on
puisse en fournir de preuve. Si l'essence de la
substance matérielle est d'être divisible, la relation
entre les éléments de cette substance est essentielle.
Que l'on puisse supprimer la composition par la
pensée, il n'en résulte pas que dans la réalité le
rapport soit fortuit. D'ailleurs, la majeure ne serait
pas démontrée par ce seul principe ; car dès que
l'on suppose que le composé est une substance,
il n'est pas besoin que les éléments du composé
soient simples pour être substantiels. La mineure
est véritable; mais la majeure n'étant pas prouvée,
il n'y a point de démonstration.

Non seulement on ne peut prouver que l'impossibilité de supprimer toute composition d'an la substance divisible implique contradiction, mais il est facile de démontrer rigoureusement cette impossibilité. Selon l'hypothèse, tout élément est composé, et le dernier élément auquel on arrive est aussi composé que le premier ; l'analyse que l'on applique à la substance donnée a donc pour loi la continuité sans terme, ou, à proprement parler, le progrès à l'indéfini. Pour que toute composition fût supprimée, il faudrait que le progrès à l'indéfini fût achevé, ce qui est d'une impossibilité manifeste. Demander de quelle nature sont les éléments primitifs de la substance composée, c'est demander ce que l'esprit rencontre au terme de l'indéfini. On ferait aussi bien cette autre question: qu'y a-t-il à l'extrémité de l'espace ? toute contradictoire qu'elle est, elle ne l'est pas plus que celle à laquelle on essaie de répondre, quand on veut démontrer avec les principes employés par Kant que la substance divisible a des parties simples.

Il est inutile de soumettre à une discussion approfondie les corollaires qui se trouvent rassemblés après l'argument ; nous ferons seulement les remarques suivantes : 1° L'on ne peut conclure de la thèse qu'il n'y a d'autres réalités au monde que des substances simples, parce que la relation, même fortuite de deux substances, peut donner lieu à une réalité nouvelle, fort distincte des deux réalités primitives, et qui, au point de vue de la science et de la vérité absolue, ne se résout pas

dans ses deux éléments, mais est entièrement anéantie, quand la composition cesse. 2° Il est extraordinaire que l'on propose comme corollaire de
la proposition qui était l'objet de la démonstration,
le principe même sur lequel toute la démonstration repose, à savoir que la composition est seulement une relation externe entre les substances. »
3° Quand même il serait prouvé que la substance
composée a des éléments simples, on n'en pourrait
conclure immédiatement que ces éléments préexis-
tent au composé. C'est là une maxime de très
grande conséquence en philosophie, et qui ne doit
être admise qu'en vertu des titres les plus incon-
testables.

Discussion de l'Antithèse.

« Supposez qu'une chose composée (en tant que
» substance) ait pour éléments des parties simples.
» Comme toute relation externe, et, par conséquent
» aussi, toute composition de substances ne peut
avoir lieu que dans l'espace, il s'ensuit.... » Le
principe n'est rigoureusement vrai que pour les
substances auxquelles l'étendue est essentielle,
c'est-à-dire, dont l'étendue est l'essence même, ou
l'un des attributs fondamentaux. On peut l'appliquer encore, mais avec les restrictions nécessaires,
aux substances qui, de leur nature, indivisibles et
hors de l'espace, ne se manifestent cependant que
dans l'étendue, et dont l'action se réduit à une

résistance locale. Mais on ne peut pas dire que
les substances purement spirituelles, si elles existent, n'ont de rapports et ne s'unissent que dans
l'espace. Et, tant qu'on n'aura pas démontré l'impossibilité de leur existence, nous ne devons recevoir que sous condition le principe dont l'universalité est ici en question. — « il s'ensuit qu'au-
» tant il y a de parties dans le composé, autant
» il faut reconnaître de parties dans l'espace que
» le composé occupe. » Autant il y a de parties dans
le *composé matériel*, si l'on définit ce composé :
La substance dont l'étendue est un attribut essentiel. La démonstration n'aura de valeur que pour
cette substance. L'essence de la matière implique-t-
elle l'étendue ? ce qu'il y a de réel dans le composé
matériel n'est-il pas hors de l'étendue ? n'y a-t-il
pas contradiction entre l'existence positive et l'étendue comme attribut inhérent ? ce sont là tout autant de questions réservées, et que l'argumentation
ne touche même pas. Elle n'est dirigée que contre
une notion particulière de la substance matérielle,
notion pour le moins sujette à contestation. Dans
ce cercle restreint, où elle s'attaque peut-être à une
chimère, il faut avouer que l'antithèse a facilement
et évidemment raison. — « Or l'espace n'est pas
» formé de parties, mais d'espaces. Donc chaque
» partie du composé occupe nécessairement un cer-
» tain espace. Mais les parties véritablement pre-
» mières du composé sont simples ; donc l'élément

» simple occupe un certain espace. Mais comme
» toute existence réelle qui occupe l'espace... se
» trouve composée de substances, il faut néces-
» sairement conclure que l'élément simple est un
» composé substantiel, ce qui implique contradic-
» tion. » C'est la démonstration géométrique de la
divisibilité à l'infini de la matière, telle qu'on l'en-
tend vulgairement ; elle avait déjà été mise, fort
longtemps avant Kant, sous une forme très rigoureuse, et, comme nous l'avons dit, elle est au dessus
de la réfutation. Véritablement, l'existence réelle
qui occupe l'étendue, n'est point simple, quelle que
soit d'ailleurs son unité. Mais il faut se garder de
conclure que tout élément substantiel (1) est en
réalité divisible, puisqu'il est composé : divisible
par la pensée, oui, sans doute, mais divisible en
soi, peut-être non ; et les partisans des atomes
ne se tiennent pas pour battus par cet argument
géométrique. D'abord, l'espace qui nous sert à
prouver la divisibilité de la matière n'est pas lui-
même réellement divisible. Pour qu'il fût divisible,
il faudrait que ses parties fussent séparées sans
intervalle, c'est-à-dire, sans espace intermédiaire,
ce qui est contradictoire (2). Ensuite, on peut
concevoir tel composé substantiel dont les parties
soient indissolublement unies, et qui forme une

(1) Dans l'hypothèse, où l'on se place, d'une existence
réelle dont l'essence implique l'étendue.

(2) C'est là une réflexion très solide de Clarke dans sa

véritable monade physique. Cette monade envelop-
perait une variété indéfinie, et n'en serait pas moins
parfaitement une. Une telle hypothèse, qui remonte
jusqu'à Platon, et plus haut encore, n'est pas en
contradiction avec l'argument que nous discutons,
et l'on doit reconnaître que, pour la détruire, il
faudrait une démonstration nouvelle.

En résumé, on prouve que la substance étendue
n'a pas de parties simples, par ce raisonnement
sans réplique : L'espace, dans quelques limites
qu'on le considère, contient toujours une multitude
indéfinie d'éléments homogènes; La substance qui
a pour essence l'étendue, est pénétrée par l'espace;
Donc une multitude indéfinie d'éléments se trouve
dans la substance étendue, qui est, de fait, indéfiniment composée. L'argument, tel qu'il est, ne suffit
pas pour ruiner la physique de Descartes, ou celle
de Leibnitz; mais on ne peut en contester la rigueur,
ni en méconnaître l'importance, dans cette partie
de la philosophie que Kant lui-même appelle la
Métaphysique de la nature.

« La seconde partie de l'antithèse, à savoir,
» qu'il n'existe absolument aucune substance

polémique contre Leibnitz. — « L'espace infini est absolu-
» ment et essentiellement indivisible : et c'est une contradic-
» tion dans les termes que de supposer qu'il soit divisé; car
» il faudrait qu'il y eût un espace entre les parties, que l'on
» suppose divisées : ce qui est supposer que l'espace est divisé
» et non divisé en même temps. » *Troisième réplique*, § III;
cf. *deuxième réplique*, § IV.

» simple dans le monde, ne signifie rien de
» plus, si ce n'est que l'existence d'une nature
» parfaitement simple ne peut être démontrée
» par aucune expérience..... La simplicité de
» nature ne réside que dans une pure idée, qui,
» par rapport aux phénomènes et à leur expli-
» cation, est sans objet et de nul usage. » En
rapprochant de cette explication les termes mêmes
de l'antithèse, nous trouvons trois propositions
fort distinctes, dont chacune demanderait une
démonstration particulière : 1° nous ne percevons
rien de simple ; 2° l'expérience ne nous donne
jamais une occasion légitime d'appliquer notre idée
d'une nature parfaitement simple ; 3° il n'y a
véritablement aucune substance simple dans la
nature des choses. Kant paraît renoncer à la troisième proposition, qu'il avait d'abord énoncée
seule. Voyons s'il prouve les deux autres.

— « Supposons que l'on puisse trouver un objet
» correspondant à cette idée transcendentale, et
» soumis à l'expérience : il faut alors qu'une
» certaine représentation empirique nous soit
» donnée avec ce caractère manifeste de ne point
» comprendre en elle divers éléments, distincts les
» uns des autres. » Il faut entendre ici par ces
mots, *un objet*, non pas l'être lui-même, mais bien
plutôt la manifestation de l'être (1). Ce que l'on

_____

(1) Il est vrai que parfois, comme pour la force libre, par

veut établir, c'est qu'il n'y a pas de manifestation, ou de phénomène simple. Au phénomène correspond, d'un côté, l'impression sensible (la sensation ou le sentiment), et de l'autre, l'apperception immédiate de la conscience, impression et apperception que Kant appelle d'un nom commun et assez impropre, *représentations empiriques*. Nous devons accorder, surtout en ce qui concerne la conscience, que, si le phénomène est simple, la représentation de ce phénomène offrira nécessairement un caractère parfait de simplicité. Nous démontrera-t-on que toute représentation ou perception est manifestement composée ? — « De ce fait, que » nous n'avons point conscience d'une telle variété » d'élémens, on ne peut conclure que certainement » cette variété n'existe pas dans la représentation » de l'objet perçu. » Il est impossible à une saine psychologie d'admettre un tel principe sans de nombreuses restrictions. La première règle, lorsqu'on parle de perception, est de distinguer entre la représentation externe et l'apperception interne, qui n'ont véritablement aucune similitude. On peut établir, en thèse générale, pour les représentations externes le principe invoqué par Kant, mais l'apperception interne n'y est point sujette. Nous savons que nos sensations enveloppent toujours

exemple, la manifestation nous révèle immédiatement l'être lui-même, et que la conscience pénètre jusque dans l'essence.

une certaine variété, et cela en vertu de deux
causes: la première est, que l'objet de nos sensations
se trouve dans l'espace, ou ne se met en rapport
avec nous qu'à travers l'espace ; la seconde, c'est
que toute représentation externe a son siége dans
la sensibilité proprement dite, et que la sensibilité
est l'élément indéfini de notre nature, élément
dont toutes les déterminations expriment, ou du
moins, retiennent le caractère fondamental. Nous
savons aussi que notre conscience n'a qu'une certaine portée, qu'elle n'embrasse pas l'indéfini et
n'en parcourt pas tous les degrés, et que les faits
peuvent lui échapper, par excés, ou par défaut. Il
est donc naturel de juger que, là où l'indéfini peut
être représenté, et où la sensibilité est engagée, les
limites de la conscience ne sont pas la loi des choses,
et qu'on ne peut conclure de la simplicité apparente de nos perceptions à l'absence de composition dans la réalité. Mais l'apperception interne est
dans des conditions bien différentes; l'objet de cette
apperception n'est pas dans l'espace, et ce n'est
pas par l'intermédiaire de la sensibilité que nous
nous connaissons nous mêmes. La conscience attachée au moi a pour caractère principal d'être
adéquate à son objet. On a fort bien dit que le moi
et la conscience du moi sont inséparables, et, à un
certain point de vue, identiques ; ce que le moi
n'apercevrait pas de lui-même ne serait plus le
moi. Ainsi donc, si une apperception interne est

manifestement simple , nous devons conclure de
cette simplicité à la simplicité de l'objet. Sans
parler de certaines idées dont l'apperception est
parfaitement simple , telles que les idées de l'être,
de l'unité, de l'infini , dont le propre est d'exclure
la composition , quelle variété peut-on trouver
dans l'apperception d'une affirmation, d'une
volonté, d'un effort ? et comment démontrer à l'esprit que la simplicité de l'apperception n'est pas
ici une preuve excellente de la simplicité du phénomène ? D'ailleurs l'entendement confirme le témoi-
gnage de la conscience, car il est impossible de
concevoir la volonté, ou l'effort, par exemple , si
ce n'est avec le caractère d'une simplicité très
réelle. Nous sommes donc fondés à établir entre
les deux classes de représentations une distinction,
qui laisse subsister pour les perceptions externes
la règle proposée par Kant, et qui infirme entièrement cette règle pour les perceptions immédiates
de la conscience.— « Et comme, d'un autre côté,
» cette conclusion est absolument nécessaire pour
» nous convaincre de l'existence d'une nature
» simple , il s'ensuit qu'aucune perception , quelle
» qu'elle soit, ne peut nous fournir la preuve
» d'une telle existence. » Il ne faut pas confondre
dans la discussion la nature simple avec le phénomène simple ; dans tout ce qui précède, il est
question de manifestations, et non pas de natures.
Dans ces limites , la conclusion ne vaut encore que

pour les perceptions externes, la simplicité d'une
apperception immédiate de conscience étant une
preuve de la simplicité de l'objet interne, qui nous
devient manifeste sans intermédiaire. La raison
accorde que l'on ne peut conclure de la simplicité
d'une perception externe à l'absence de composition
dans le phénomène; mais elle n'accorde rien de
plus. — « Ainsi donc, puisqu'un objet d'une
» simplicité absolue ne peut jamais nous être pro-
» posé dans une expérience, et puisque le monde
» sensible doit être considéré uniquement comme
» le système de toutes les expériences possibles,
» on est forcé d'admettre que, nulle part dans la
» nature, un élément simple ne se rencontre et ne
» nous est proposé. » Voilà un certain nombre de
conséquences qui excèdent de beaucoup les prémisses, et qui paraissent entièrement inadmissibles.
« Un objet d'une simplicité absolue ne peut jamais
« nous être proposé dans une expérience; » rien
de moins démontré. D'abord l'expérience intérieure est ici hors de cause; ensuite, en ce qui
touche l'expérience extérieure, une seule conséquence est légitime, c'est celle ci : Nous ne sommes
jamais certains que l'objet immédiat de notre perception (le phénomène) soit réellement simple.
Mais de là à cette autre proposition : « Un objet
» réellement simple n'est jamais soumis à nos
» sens», il y a un très grand intervalle qui n'est pas
rempli par l'argument. Je ne puis conclure légitime-

ment qu'une chose existe; s'ensuit-il que je sois
fondé à conclure qu'elle n'existe pas ? les règles les
plus élémentaires de la logique s'y opposent.—« le
» monde sensible doit être considéré uniquement
» comme le système de toutes les expériences pos-
» sibles. » Non pas le monde sensible, mais l'ensemble des manifestations du monde sensible (1);
l'expérience nous fait connaître le phénomène,
mais le phénomène n'est pas tout, il n'a même
qu'une existence subordonnée; par delà ce que
l'on voit, est la réalité interne que l'on ne voit pas.
Réduire la réalité du monde sensible à un pur
phénomène, c'est l'anéantir. —« On est donc forcé
» d'admettre que nulle part dans la nature un
» élément simple ne se rencontre et ne nous est
proposé. » Tout au contraire, la conséquence est
illégitime : pour les phénomènes externes, dont on
peut dire seulement que leur simplicité n'est pas
démontrée; pour les faits de conscience, dont
l'essence est souvent d'être simples; pour les
substances réelles du monde physique, touchant
lesquelles on n'a rien démontré, puisqu'on les a

(1) Le principe extraordinaire que l'on trouve ici, a son
fondement dans l'idéalisme transcendental, dont il est une
conséquence légitime. Mais pourquoi imposer à la raison
dogmatique le système de l'idéalisme transcendental, qui
rend impossible l'emploi dogmatique de la raison, et ôte à
l'avance toute objectivité à nos idées? Kant veut tirer de ces
antinomies une nouvelle preuve en faveur de son idéalisme,
mais la preuve ne vaudra rien, si elle est un cercle vicieux.

niées ; et à plus forte raison , pour le sujet de la
conscience dont les manifestations directes et les
caractères fondamentaux impliquent la simplicité.

En résumé , des trois propositions que nous
avons signalées, la première seule, à savoir « Que
nous ne percevons rien de simple, » a été l'objet
d'une démonstration. Cette démonstration peut
être mise sous la forme suivante : Pour que l'expérience nous fasse connaître un phénomène véritablement simple, il faut que certaines perceptions
aient un caractère manifeste de simplicité; Or, on
ne peut conclure de la simplicité apparente à la
simplicité réelle d'une représentation empirique;
Donc, quelles que soient nos perceptions, elles ne
correspondent à rien de simple dans la nature.
Nous admettons la majeure, mais seulement pour
les manifestations ; car il est facile de concevoir
une nature simple qui se révèle par des phénomènes composés, une force parfaitement une, dont
l'action ait le caractère de la variété, dont l'effet soit
même indéfiniment divisible. La mineure est vraie
pour les perceptions externes seulement , mais,
si on veut l'appliquer aux perceptions internes,
elle se trouve en contradiction avec les premiers
éléments de la psychologie. La conclusion contient
plus que les prémisses ; lors même qu'on la res-
treindrait aux seuls objets des perceptions externes,
il serait impossible de lui reconnaître une valeur
légitime. Nous ne sommes pas certains que les

phénomènes sensibles soient réellement simples ;
mais de là, comment conclure que certainement
ils ne sont pas simples ? Il n'est donc nullement
démontré que nous ne percevons rien de simple.

Nous ne trouvons pas un mot à l'appui de la
seconde proposition, à savoir : « Que l'expérience
» ne nous donne jamais une occasion légitime
» d'appliquer notre idée d'une nature parfaitement
» simple; » à moins qu'on ne prenne pour un essai
de démonstration cette assertion inadmissible :
« Que le monde sensible n'est rien de plus que
» l'ensemble des phénomènes. » S'il n'y a rien par
delà les phénomènes, et si toute manifestation
sensible est composée, on doit accorder, en effet,
que notre idée d'une nature simple est sans application possible. Mais si l'on peut logiquement
conclure du phénomène à l'être, il sera facile
d'entendre comment certains phénomènes, tout
composés qu'ils paraissent et qu'ils sont effectivement, conduisent cependant l'esprit à la connaissance certaine d'une nature simple.

Enfin Kant semblait avoir renoncé à prouver :
« Qu'il n'y a réellement aucune substance simple
» dans la nature des choses; » mais cette troisième
proposition se retrouve à la fin de l'argument, et
nous lisons : « Que le second membre de l'anti-
» thèse a pour résultat d'exclure tout élément
» simple de la connaissance et par conséquent de
» la réalité. » Certes la raison dogmatique ne

reçoit pas une telle proposition sans preuves irré-
sistibles, et ces preuves, où les a-t-on produites?
Nous savons bien que si toute réalité est purement
phénoménale, les preuves ne manqueront pas, pour
le monde sensible du moins. Mais pourquoi imposer à la raison dogmatique les principes de
l'idéalisme transcendental? Elle les repousse; au
moment même où l'esprit humain les admettrait,
il cesserait d'être dogmatique et ne chercherait
plus à édifier des thèses et des antithèses sur la
nature des choses.

De la discussion de cette seconde antinomie,
nous pouvons conclure : 1°. Que la raison, parmi
toutes les propositions avancées, n'en démontre
qu'une, à savoir, que l'être, auquel l'étendue est
essentielle, n'a point de parties simples; supposé,
d'ailleurs, qu'un tel être soit réel, ce qui demeure
indécis; — 2°. Que la raison, n'établissant qu'une
partie fort restreinte de ce que l'on nomme impro-
prement l'antithèse, ne se trouve point par conséquent en contradiction avec elle-même.

TROISIÈME COMBAT DES IDÉES TRANSCENDENTALES.

Thèse. «L'action des causes déterminées par les
» lois de la nature n'est pas la seule d'où peuvent
» dériver tous les phénomènes du monde. Il faut,
» pour expliquer ces phénomènes, admettre l'exis-
» tence de certaines causes agissant avec liberté.»

Démonstration. « Supposez qu'il n'y ait d'autre
» action des causes que celle qui s'accomplit sui-
» vant les lois de la nature; alors, tout ce qui com-
» mence à être se trouve précédé d'un certain état
» dont l'événement est une conséquence néces-
» saire, en vertu de quelque loi. Or, l'état précé-
» dent doit être lui-même un événement arrivé un
» certain jour (produit dans un temps avant lequel
» il n'était pas); car s'il avait toujours été, son
» résultat nécessaire n'aurait point eu de com-
» mencement, et serait de tout temps; donc l'ac-
» tion d'une cause d'où résulte un événement, est
» elle-même un fait et un événement qui suppose
» à son tour, suivant les lois de la nature, une
» action productrice et un état antérieur, lequel
» suppose un autre état qui le précède, et ainsi sans
» fin. Si tout se passe dans le monde en vertu des
» seules lois de la nature, on ne rencontrera donc
» jamais qu'un commencement subordonné, et
» point de terme véritablement premier; par con-
» séquent, il n'y a point de totalité dans la série
» des causes qui se produisent indéfiniment les
» unes les autres. Or, la loi de la nature consiste
» précisément en ce que rien ne peut arriver sans
» une cause pleinement et parfaitement déterminée
» à l'avance. Donc, la proposition, qui affirme que
» l'action des causes peut être uniquement déter-
» minée par les lois de la nature, se contredit
» elle-même dans son universalité sans limite, et

» il est impossible d'accorder que ce soit là le seul
» mode d'action.

» Ainsi donc, il faut admettre un mode d'action
» suivant lequel l'événement produit ait une cause
» qui ne soit plus déterminée par une autre cause
» antérieure en vertu de lois nécessaires ; en
» d'autres termes, il faut admettre un ordre de
» causes absolument spontanées, qui instituent,
» de leur propre mouvement, une série de phéno-
» mènes, dont le développement se conformera aux
» lois de la nature, et qui aient, par conséquent, la
» liberté transcendentale sans laquelle, même dans
» le cours de la nature , la série des phénomènes
» ne paraît jamais pleine et parfaite du côté des
» causes. »

ANTITHÈSE. « Il n'existe point de cause libre,
» mais tout ce qui arrive dans le monde est déter-
» miné uniquement par les lois de la nature. »

Démonstration. « Supposons que la liberté existe
« au sens transcendental, comme un mode par-
» ticulier d'action des causes, en vertu duquel les
» événements du monde peuvent être produits, et
» qui implique la faculté de déterminer simplement
» et absolument un certain état, et par là d'insti-
» tuer la série de tous les états suivants : alors ,
» non seulement par l'effet de cette puissance spon-
» tanée, une certaine série commence absolument,
» mais la détermination même de cette puis-
» sance spontanée à produire la série, c'est-à-dire

» l'action de la cause, se trouve dans une
» semblable condition, de telle sorte qu'il n'y a
» aucun terme antérieur dont cette action nous
» paraisse la conséquence nécessaire, conformé-
» ment à des lois constantes. Le commencement
» de l'action supposera toujours un état antérieur
» où la cause n'agissait pas, et le premier effet
» dynamique de la puissance un état qu'aucun lien
» de causalité ne rattache à l'état précédent de la
» même cause, ou, en d'autres termes, qui n'est
» point la conséquence d'une modification anté-
» rieure. Donc, la liberté transcendentale est en
» opposition avec la loi de l'enchaînement des cau
» ses; elle suppose entre les états successifs des
» causes efficientes, un rapport qui rend l'unité de
» l'expérience impossible, que ne montre, par con-
» séquent, aucune expérience, et qui n'est enfin
» qu'une vaine imagination de l'esprit.

» Ainsi donc, rien n'existe que la nature, dans
» laquelle nous devons chercher l'enchaînement
» et l'ordre des événements du monde. Une cause
» libre, indépendante des lois de la nature, non
» seulement serait délivrée de tout pouvoir néces-
» sitant, mais échapperait au *fil conducteur* des
» lois universelles. Et l'on ne peut pas dire pour
» sauver les lois de la nature, que la cause libre
» se conforme dans ses actes aux lois qui règlent
» le cours du monde; car si l'action d'une cause est
» déterminée par des lois universelles, ce n'est plus

» la liberté, mais seulement la nature que nous
» devons reconnaître dans une telle cause. Il y a
» donc entre la nature et la liberté transcenden-
» tale, la même différence qu'entre la conformité
» aux lois et la licence. La première impose à
» l'intelligence la difficulté de remonter sans fin
» dans la série des causes pour chercher l'origine
» des événements, parce que l'action des causes est
» toujours déterminée par les faits précédents ;
» mais, en récompense, elle lui promet une parfaite
» unité d'expérience et une exécution complète
» des lois. Tandis qu'au contraire, cette prétendue
» liberté promet le repos à l'esprit qui étudie
» l'enchaînement des causes, par cela même
» qu'elle le conduit à une cause véritablement
» première, qui entre spontanément en action ;
» mais comme cette spontanéité est aveugle, elle
» rompt le fil des lois naturelles, qui seul peut
» donner à l'expérience de l'unité et de la suite.»

Discussion de la thèse.

« Supposez qu'il n'y ait d'autre action des causes
» que celle qui s'accomplit suivant les lois de la
» nature : alors, tout ce qui commence à être se
» trouve précédé d'un certain état, dont l'événe-
» ment nouveau est une conséquence nécessaire,
» en vertu de quelque loi. » Il faut entendre par
cause soumise aux lois de la nature, une puissance
dont l'action est entièrement déterminée par une

autre puissance ou par un fait externe. Lorsqu'il
est question de la liberté, soit qu'on veuille l'attaquer, soit qu'on se propose de la démontrer ou
de la défendre, on doit d'abord, pour éviter toute
ambiguité, établir une distinction entre la cause
productrice et la cause *déterminante*. La cause
productrice, c'est l'être lui-même, on plutôt la
puissance qui lui est essentielle la cause déterminante, c'est le mobile qui réduit cette puissance
à l'acte et qui en presse en quelque façon les
ressorts. L'être libre est celui qui a en lui même,
ou pleinement, ou avec des restrictions, la cause
déterminante de ses actes; l'être soumis aux lois de
la nature (dans le sens où elles sont proposées ici),
n'a jamais en lui-même la raison suffisante des
actes, qu'un mobile extérieur tire de sa puissance.
Quelquefois, pour l'être libre (1), la cause déterminante des actes est double ; elle se trouve, et en
lui même, et hors de lui ; pour l'être soumis aux
lois de la nature, elle est toujours tout entière au
dehors, ou plutôt, dans le fait qui précède immédiatement l'état nouveau. C'est ainsi que l'on doit
entendre que chaque événement est une conséquence nécessaire de l'événement précédent,
quoiqu'il faille toujours tenir compte de la cause

(1) Pour l'homme, à bien voir les choses, ce n'est pas
quelquefois, c'est toujours. Sa volonté nue n'explique suffisamment aucune de ses actions ; mais on en peut dire autant
de chacun des mobiles qui influent sur sa volonté.

productrice. sans laquelle la conséquence n'aurait pas lieu. — « Or, l'état précédent doit être lui-» même un événement arrivé un certain jour, » produit dans un temps avant lequel il n'était » pas...» Il faut encore distinguer entre l'état précédent du sujet qui accomplira l'action, et la cause immédiatement déterminante de cette action ; ce que l'on dit ici est rigoureusement vrai du dernier terme et non pas du premier. Un édifice menace ruine depuis un demi-siècle, un coup de vent l'abat; sans ce coup de vent, peut-être eût-il subsisté encore longues années. L'état de l'édifice n'est donc pas la cause immédiatement déterminante de sa chute, et ce n'est pas de cet état que l'on peut dire : « S'il avait toujours été, son résultat néces-» saire n'aurait point eu de commencement et » serait de tout temps. » Il y a, pour la production de chaque événement, comme un coup porté, qui, par sa propre vertu, ne ferait presque rien, mais qui, les circonstances et la cause productrice étant données, décide tout; c'est ce fait décisif que l'auteur de l'argument semble considérer comme la seule cause; il est vrai que c'est un mobile indispensable, mais, suivant les lois de la nature, on doit souvent ne lui reconnaître qu'une importance secondaire, et comprendre qu'il ne fournit des choses qu'une explication très insuffisante. — « Donc l'action d'une cause, d'où résulte un évé-» nement, est elle-même un fait et un événe-

» ment qui suppose, à son tour, suivant les lois
» de la nature, une action productrice et un état
» antérieur, lequel état suppose un autre état qui
» le précède, et ainsi sans fin.» L'action de la cause
est ici, comme dans toute la suite du raisonnement,
l'action déterminante, c'est-à-dire, le fait précédent.
L'action véritable implique un terme substantiel
qui se dérobe à l'expérience, et dont on peut, à la
rigueur, faire abstraction dans le système que l'argument combat. Selon ce système, toutes les causes
déterminantes forment une sorte de réseau, qui
n'est rompu, ni affaibli nulle part, et qui s'explique suffisamment lui-même; mais, à la condition,
signalée par Kant, de n'avoir point de terme et
d'offrir à l'esprit la matière d'un progrès à l'indéfini. Ce réseau est rompu dans la réalité (1),
comme l'expérience nous en convainc; mais la
dialectique ne consulte pas l'expérience, et elle
essaie de prouver par le raisonnement que les
causes déterminantes ne peuvent s'étendre ni se
précéder à l'indéfini. Voyons si elle y parvient.—
« Si tout se passe dans le monde en vertu des
» seules lois de la nature, on ne rencontrera donc
» jamais qu'un commencement subordonné, et
» point de terme véritablement premier; par con-
» séquent il n'y a point de totalité dans la série des

(1) Ou du moins il y a deux ordres de causes déterminantes, celui de la grâce (suivant l'expression de Leibnitz),
et celui de la nature, qui influent tour à tour sur un même
système d'actions.

» causes.» Pourquoi point de totalité ? Les causes
sont en nombre indéfini, est-ce que le nombre indéfini n'est pas un tout ? S'il ne l'est pas, qu'on le
prouve; l'asssertion n'est nullement évidente. Kant
dit lui-même que le temps est un tout, que l'espace
est un tout (1); mais alors, il doit convenir que la totalité se trouve dans le nombre indéfini; et si elle
s'y trouve, comment ne serait-elle pas dans la série
des causes, qui n'est, en dernière analyse, qu'un
nombre concret indéfini? Veut-on recourir ici à
un argument déjà discuté dont voici la substance :
Pour qu'il y ait totalité, il faut que la synthèse
successive, qui mesure le composé, soit achevée ou
puisse l'être; Or, la synthèse successive de l'indéfini ne peut jamais être achevée, Donc il n'y a point
de totalité dans l'indéfini; — mais d'abord, cet argument conclut contre les principes mêmes de Kant
sur l'unité et la totalité du temps et de l'espace;
ensuite, la synthèse successive d'une série indéfinie peut être accomplie dans un temps indéfini,
et c'est une pareille durée qu'a remplie la série
proposée; enfin, si nous sommes dans l'impuissance
de nous former l'idée d'un tout qui n'ait point de
limites, il n'en résulte nullement que ce tout
n'existe pas dans la nature des choses, d'où nous

(1) Spatium proprie dici haud compositum, sed totum
deberet, si quidem partes illius in toto solum, neque totum
esse per partes, possunt. *Scholion ad Antin. secund.* —
Cf. *Æsthet transcend.* § II et IV.

pouvons conclure qu'il reste encore à démontrer que dans la série indéfinie des causes il n'y a point de totalité. — « Or, la loi de la nature consiste » précisément en ce que rien ne peut arriver sans » une cause pleinement et parfaitement déter- » minée à l'avance. » C'est là une loi qui dérive immédiatement du principe de la raison suffisante, et que la raison avoue complétement. — « Donc, » la proposition qui affirme que l'action des causes » peut être uniquement déterminée par les lois de » la nature, se contredit elle-même dans son uni- » versalité sans limite. » Cette conclusion sup- pose que l'on a mentalement reconnu qu'une série de causes où il n'y a point de totalité, ne contient aucun terme qui soit pleinement déterminé. Comme il n'est pas prouvé qu'une série indéfinie de causes ne forme point un tout, en aucun cas la suite du raisonnement ne sera démonstrative. Mais quand même cette preuve serait faite, se- rions-nous forcés d'admettre que la proposition combattue par la thèse se détruit elle-même, et doit être abandonnée ? On peut soutenir la néga- tive. Quel que soit le caractère mathématique de la série des causes, tous les membres en sont réels; ils se sont succédé dans un temps indéfini , et si une durée indéfinie s'est écoulée jusqu'au moment présent, la série s'est accomplie, et l'événement qui est produit à cet instant même, a une cause pleinement et parfaitement déterminée. La série des causes n'est pas la série des conditions, mais toutes deux sont analogues, par rapport à la question qui nous occupe. Or, il est évident que rien n'existe sans une condition pleinement et parfaitement déterminée à l'avance : la condition du moment présent, c'est le temps écoulé ; mais le temps écoulé est indéfini : donc, puisque le moment présent est arrivé, une série indéfinie peut être, disons plus, est certainement une condition pleinement déterminée. Concluons que, par analogie, une série indéfinie peut être une cause parfaitement déterminée. Affirmer le contraire, sans en donner des preuves, c'est se contenter de nier une thèse fort grave, pour la combattre. Par conséquent, il ne nous est pas démontré que cette thèse se contredise elle-même, et que le mode d'action dont elle parle ne suffise pas pour l'explication des phénomènes.

Nous pouvons simplifier l'argument, et le mettre sous cette forme rigoureuse : Nul phénomène ne peut être produit que par une cause pleinement déterminée ; Or, une série indéfinie de causes n'est pas pleinement déterminée ; Donc il faut, pour expliquer les phénomènes, avoir recours à une cause première et libre. La majeure est un axiome ; mais la mineure, qu'on ne peut admettre comme évidente d'elle-même, n'est pas prouvée. Il semble qu'un nombre indéfini soit un tout ; qu'une série indéfinie de termes réels puisse être

accomplie : il est certain qu'une durée indéfinie
est une condition pleinement et parfaitement déterminée. On ne voit donc pas pourquoi une succession de causes s'enchaînant sans fin les unes
aux autres, serait insuffisante pour l'explication
d'un fait nouveau. Nous avouons que l'on peut
soupçonner cette insuffisance ; mais alors, la mineure reste un problême, et la conclusion tombe.

Ce dont l'esprit est le plus frappé dans le développement de cette thèse, c'est que l'on arrive à
reconnaître l'existence d'une cause première qui
se trouve par ses caractères, hors du monde, tandis
que l'on devait démontrer qu'il y a des causes
libres dans le monde ; c'est ensuite, que l'on propose une idée de la liberté qui contient à la fois
trop et trop peu.

L'auteur dit dans un scholie (1), qu'une fois
certains de l'existence d'une cause libre, qui a
donné au monde le premier branle, rien ne nous
empêche de rapporter '' rses séries de phéno-

(1) Jam hancce necessitaiuin initii primi seriei visorum ex
libertate proprie quidem evicimus, quatenus ad comprehen-
dendam mundi originem requiritur, cum interim omnes
status succedertes pro consequentia ex meris legibus physicis
sumi queant. Quoniam autem ea re facultas in tempore
prorsus sponte instituendi semel probata (quamvis haud pers-
pecta) est, nobis nunc etiam licebit, ut in medio mundi
cursu varias series, quoad effectionem causarum, sponte
institui faciamus, substantiisque facultatem attribui, ex libertate agendi. *Schol. ad antinom. tertiam.*

mènes à des causes analogues, mais secondaires, et d'attribuer à certaines substances la liberté dont est douée la nature suprême. Rien ne nous empêche de multiplier ainsi les causes libres, si ce n'est la logique ; l'argument, s'il était démonstratif, prouverait que dans la série des causes, il faut un premier terme et non pas mille ; si vous en admettez plusieurs, l'existence de chacun d'eux n'est plus que problématique. Pour établir la thèse, on est donc obligé de l'altérer, et la liberté humaine, qui d'abord paraissait être le sujet de cette troisième antinomie, se trouve hors de cause.

D'ailleurs, est-ce véritablement la liberté qu'on nous représente ? l'esprit reconnaît-il dans cette cause absolument spontanée, la puissance libre du sujet moral ou de l'être divin ? L'idée de la liberté, telle que nous la trouvons définie dans le corollaire : « une cause qui n'est plus déterminée par » une autre cause, et qui est douée d'une spon- » tanéité absolue », cette idée contient trop, car elle désigne un pouvoir qui agirait sans raison suffisante, une cause productrice qui aurait le privilège de suppléer de tous points la cause déterminante, et dont les actes n'auraient, par conséquent, aucun motif. En même temps, cette idée contient trop peu ; car selon elle, il suffit qu'une nature soit douée d'une certaine spontanéité pour être une cause libre ; or, dans la spontanéité d'ac-

tion ne se trouvent pas renfermés tous les caractères qui constituent la personnalité ; la personne
a plus que la spontanéité dont on parle (1), et la
raison n'admet pas qu'il existe des causes libres
sans personnalité.

D'où viennent toutes ces difficultés rencontrées
par un argument qui se propose d'établir une
vérité incontestable, difficultés qu'il ne peut
vaincre, qui le jettent hors de son propos, lui im-
posent une notion imparfaite, et le rendent vain,
malgré d'ingénieux efforts? elles viennent surtout d'une méprise grave, et contre laquelle Kant
a souvent protesté avec force. Vouloir démontrer
par le raisonnement ce dont l'expérience nous
convainc irrésistiblement, c'est se condamner à
un travail stérile. L'existence de la liberté est une
vérité de fait : tous les arguments imaginables ne
la prouveront pas ; de même que tous les faits ac-
cumulés n'établiront pas une vérité de raisonnement. Ce que la raison dogmatique doit se proposer, ce n'est pas de démontrer la liberté, mais
de la défendre contre les arguments captieux;
aussi espérons-nous rendre manifeste que l'antithèse n'est pas plus que la thèse, l'œuvre de la
raison.

(1) Par exemple, la possession de soi, l'intelligence, une
certaine providence...., tandis que la spontanéité nue est
aveugle.

Discussion de l'antithèse.

« Supposons que la liberté existe au sens trans-
» cendental, comme un mode particulier d'action
» des causes, en vertu duquel les événements du
» monde peuvent être produits, et qui implique la
» faculté de déterminer simplement et absolu-
» ment un certain état, et, par là, d'instituer la
» série de tous les états suivants.» Il faut pour
faire une objection sérieuse à l'existence de la liberté, se la représenter telle qu'elle est réellement,
et ne point diriger une argumentation facile contre une idée fausse, que l'expérience dément, et que
la raison désavoue. L'être libre n'a pas une puissance purement spontanée, dont les actes ne doivent être rapportés à aucun motif. La raison déterminante des actes se trouve dans l'agent, au
moins en partie ; mais elle ne cesse pas d'être,
parce que l'agent est doué de liberté. Raisonner
dans l'hypothèse d'une nature dont les actes
n'aient aucune explication possible, c'est attaquer
ce que l'expérience n'établit pas, et ce que la raison
ne défendra jamais.—« Alors, non seulement par
» l'effet de cette puissance spontanée, une certaine
» série commence absolument ; » il est très vrai
que par l'action de la personne libre le premier
terme d'une série de phénomènes est produit, et
que toute la suite des faits qui en résultent, a dans

cette action une origine incontestable; mais le terme *absolument* est trop fort, car il signifie que la série des phénomènes ne se rattache en aucune façon à ce qui précède. Or, dans la réalité, les phénomènes que produit la liberté sont liés par plus d'un rapport aux faits antérieurs. Nous reconnaissons seulement que ces rapports ne sont pas nécessaires, et que le lien est surtout formé par la volonté qui donne la préférence à un motif entre plusieurs. — « Mais la détermination même » de cette puissance spontanée à produire la série, » c'est-à-dire l'action de la cause, se trouve dans » une semblable condition, de telle sorte qu'il n'y » a aucun terme antérieur dont cette action nous » paraisse la conséquence nécessaire, conformé- » ment à des lois constantes. » Sans doute la détermination d'une cause libre n'est pas la conséquence nécessaire d'un état antérieur, pourvu que l'on entende ici une nécessité métaphysique qui exclut le consentement; mais de là on ne peut conclure que cette détermination est un fait sans antécédent et sans raison suffisante. Il y a un grand nombre de degrés intermédiaires entre le *fatum* et l'indifférence absolue qui revient au hasard. L'action libre dont on parle ici ressemble beaucoup à la déclinaison des atomes d'Epicure, c'est-à-dire, à l'imagination la plus vaine que signale l'histoire de la philosophie.—«Le commen- » cement de l'action supposera toujours un état

» antérieur où la cause n'agissait pas; » rien n'est
moins démontré : nous commençons mille actions
dans l'état de veille, et cependant nous agissons
sans cesse; d'ailleurs le passage du repos à l'action
pourrait être nécessité. — « Le premier effet dy-
» namique de la puissance suppose un état qu'au-
» cun lien de causalité ne rattache à l'état précé-
» dent de la même cause, ou, en d'autres termes,
» qui n'est point la conséquence d'une modifi-
» cation antérieure». La proposition n'est pas
assez nette. Déclare-t-elle qu'il n'y a aucun rapport nécessaire entre deux actions successives
d'une cause libre, elle est parfaitement fondée; et
c'est là le point sur lequel doit porter la discussion.
Affirme-t-elle qu'entre deux états successifs d'une
cause libre il n'y a aucun rapport, que l'un ne se
rattache pas à l'autre et ne trouve pas en lui une
partie de sa raison déterminante; elle est en contradiction avec les faits. Plus l'homme se possède
lui-même (c'est-à-dire plus il est libre), plus ses
actions s'enchaînent, s'expliquent et s'appellent
mutuellement. On sait combien les actes produits
en conséquence de l'habitude ont entr'eux de
rapports puissants, et la vertu n'est qu'une habitude. Cependant on croit communément et invinciblement que les œuvres de la vertu sont méri-
toires et par conséquent libres; la raison confirme
cette croyance et ne la détruira jamais. — « Donc
« la liberté transcendentale est en opposition avec

» la loi de l'enchaînement des causes.» Qu'en-
tend-on par la loi de l'enchaînement des causes?
Serait-ce une maxime ainsi formulée : tous les faits
dans le monde sont enchaînés nécessairement?
mais ce n'est pas là un principe évident, il faut
recourir à une règle plus élevée ; cette règle sera
sans doute le principe de causalité, dont voici l'expression la plus générale : tout événement se rapporte à une cause qui l'explique. Pressez encore
cette formule, vous arrivez au principe de la raison suffisante, qui est le véritable fondement de
toutes les règles métaphysiques. Si l'antithèse doit
être démontrée, c'est à la condition que la liberté
soit en contradiction avec le principe de la raison
suffisante. Cette contradiction existe-t-elle? certainement non. Pour qu'elle existât, il faudrait
qu'un acte libre n'eût point de raison suffisante :
que l'on examine s'il en est ainsi. On rend raison
suffisante d'un acte, quand on en montre la cause
productrice et la cause déterminante. Où est la
cause productrice de mes actes libres? dans la
force dont je suis doué; ici point de difficulté. Où
est leur cause déterminante? dans ma volonté et
dans les motifs auxquels ma volonté se conforme.
Cette double cause ne suffit-elle pas ?—On répond
qu'immédiatement elle paraît suffire mais que
bientôt, si on la soumet à l'examen. elle ne satis-
fait plus l'esprit, voici pourquoi : Un fait ne peut
légitimement en expliquer un autre, que s'il a lui-

même une explication possible; or, les motifs n'expliquent pas complétement l'action produite, il faut les joindre à la volonté; mais pour que la volonté puisse servir légitimement à l'explication de l'action, il est de rigueur qu'elle-même ait une explication possible, ce qui lui fait défaut, à ce que l'on assure. En effet, la volonté n'a pas de cause déterminante hors de la force libre, car autrement elle ne serait plus un consentement, mais une nécessité; elle n'en a pas dans la force libre qui n'est et ne peut être que la cause productrice: donc elle n'est pas expliquée; elle se trouve en contradiction avec le principe de la raison suffisante, et cette contradition s'étend aux actions que l'on prétend expliquer avec son aide.—Toute la question se réduit à ce seul point : la volonté a-t-elle ou n'a-t-elle pas une raison suffisante? Si l'on considère la liberté comme un terme abstrait, il est difficile de répondre; si on l'étudie dans la réalité, la difficulté disparaît. La volonté est la détermination de notre force libre par elle-même; c'est la forme que cette puissance se donne. Pourquoi la forme libre se détermine-t-elle? Pourquoi s'impose-t-elle à elle-même certaine forme ? Si l'on peut répondre de manière à satisfaire la raison, il sera prouvé que la volonté a une raison suffisante. L'analyse psychologique assigne deux causes à la détermination de la force libre par elle-même: 1°. un motif entendu ou senti; 2°; la pro-

priété en vertu de laquelle cette force s'appartient.
La personne libre a le pouvoir de disposer d'elle-
même, de se résoudre; ce pouvoir constitue une
sorte de souveraineté, dans de certaines limites, et
avec des conditions; mais dans ces limites, il a
toute l'essence de la souveraineté. La résolution
est donc un ordre émanant d'un pouvoir souverain, conformément à un motif. Le motif ne nécessite pas, car la souveraineté périrait; la souveraineté n'ordonne rien sans motif, car elle agirait en aveugle. Cette double cause n'offre-t-elle
pas une raison suffisante de la détermination de
notre force libre ? Nous ne remontons plus ici
d'un fait à un autre ; nous allons d'une modification à un principe, de la résolution à l'empire du
moi sur lui-même. On dit que la résolution n'a
pas une cause entièrement déterminante, puisque la force libre n'est que productrice ; là est l'erreur. La force libre est à la fois productrice et
déterminante ; productrice comme puissance ac-
tive ; déterminante comme ayant empire sur elle-
même ; elle conserve ce double caractère tant que
la personnalité subsiste. Dans cet état, notre autorité souveraine est toujours présente, et nous en
avons toujours le sentiment. Sans doute cette pré-
sence et ce sentiment ne sont pas une cause suffisamment déterminante, mais, si l'on y joint un
motif, rien ne manquera à l'explication de la résolution. L'exercice de notre souveraineté intérieure

a pour condition un peu de lumière ; mais le motif intervient seulement pour compléter la cause déterminante, qui se trouve déjà dans le fait fondamental de la possession de nous-mêmes. En un mot, la raison est satisfaite et n'a plus rien à chercher, quand elle reconnaît dans une détermination, l'ordre d'un pouvoir souverain éclairé par un motif. La souveraineté est une cause déterminante, perpétuelle et essentielle ; il est impossible de soutenir que la résolution qui en émane, demeure sans explication certaine. La détermination d'une cause libre par elle-même a donc une raison suffisante ; par conséquent la volonté peut rendre raison d'un acte libre, lorsqu'elle se trouve jointe à des motifs qui ne la nécessitent pas, et l'on ne voit point qu'il y ait contradiction entre la liberté et le principe de la raison suffisante. Si cette contradiction n'existe pas, on ne peut élever contre la liberté aucune difficulté sérieuse au nom d'un principe métaphysique. La loi de la causalité, et avec elle toutes les autres lois de l'entendement, ne sont que des corollaires du principe de la raison suffisante, et n'ont de valeur que par lui. — « La liberté suppose entre les états successifs des » causes efficientes un rapport qui rend l'unité de » l'expérience impossible, que ne montre par conséquent aucune expérience. » Selon Kant, il y a unité d'expérience quand deux ou plusieurs représentations sont réunies par l'activité de l'esprit dans

une synthèse dont le lien est un concept nécessaire;
si l'on ne peut appliquer les lois *à priori* de l'entendement, les représentations demeurent isolées
les unes des autres, il n'y a que cahos devant nos
yeux. La liberté rend une pareille unité manifestement impossible, puisqu'il y a contradiction entre le caractère essentiel d'un acte libre et la nécessité du rapport de cet acte au fait précédent.
— Mais la liberté, loin de supprimer les motifs,
les appelle, et trouve en eux une condition de son
exercice. Il y a donc des rapports entre les actes
libres; leur succession ne présente pas l'aspect
d'un chaos, comme on le prétend ici. Un esprit
pénétrant peut s'orienter au milieu d'eux, mais
toutefois avec la probabilité seule pour guide ; car
la certitude métaphysique n'a pas lieu dans un
système d'où la nécessité est exclue. D'un autre
côté, rien ne démontre que l'expérience ait l'unité
rigoureuse que suppose l'argument. Cette unité rigoureuse revient à la domination exclusive du *fatum*; tout est-il soumis aux lois du *fatum*? oui,
si la liberté n'existe pas ; mais pour prouver qu'il
n'y a point de cause libre, ne commencez pas par
supposer que tous les événements sont nécessairement enchaînés. — On conçoit que la dialectique
fournisse quelques objections contre la liberté,
mais on ne peut voir sans étonnement la liberté
attaquée au nom de l'expérience : « elle suppose
» entre les états successifs des causes efficientes

» un rapport que ne montre aucune expérience. »
C'est là, dans l'esprit de Kant, une conséquence
légitime de cette proposition, que l'opération
d'une cause libre rend impossible l'unité de l'expérience. Non seulement, selon lui, sans un rapport nécessaire, les représentations empiriques ne
peuvent être réunies par l'intelligence; mais, sans
la synthèse opérée en vertu d'une loi *à priori*, il
n'y a point d'expérience possible; ou, plus simplement, c'est l'unité rigoureuse imposée par l'esprit
à deux ou plusieurs représentations, qui constitue l'expérience. Mais ces maximes de l'idéalisme
transcendental ne sont point avouées par la raison dogmatique, et, quand il est question d'expérience, le fait parle plus haut que les théories.
Ce qui convainc tous les hommes de l'existence
de la liberté, c'est l'expérience : en fait, la conscience, et par analogie l'observation de nos semblables, nous montre perpétuellement des événements dont la succession n'est pas déterminée par
des lois nécessaires, et dont le rapport est très
souvent même en opposition avec les lois de la nature. C'est une loi de la nature, qu'un être doué de
sensibilité fuie la douleur, et souvent nous voyons
l'homme rechercher la douleur et demeurer volon-
tairement au milieu des tortures. Y a-t-il un rapport
nécessaire entre l'héroïsme du martyr, qui d'un
mot pourrait faire cesser ses tourments, et l'épreuve
erronée où il est engagé? et parce que le rapport n'est

pas nécessaire, le fait est-il chimérique ? Si l'argument dit vrai, ou ce fait s'explique naturellement suivant le cours des choses, ou il n'est qu'une fiction ; la conscience du genre humain et la raison acceptent-elles cette alternative ? — « Si la li-» berté existe, non seulement elle est indépen-» dante de tout pouvoir nécessitant, mais elle » échappe au fil conducteur des lois universelles. » Rien de plus vrai ; mais il faut donner à ce fil conducteur son nom véritable : c'est le *fatum*. Croit-on que la raison répugne à ce que le *fatum* ne règne pas seul dans le monde ? La fatalité est aveugle ; si elle a des règles, ces règles sont dé-terminées par un principe intelligent, et au dessus du fil conducteur dont on parle, il faut reconnaî-tre l'existence d'un esprit ; mais on ne peut raison-nablement contester cette maxime de Léibnitz : » *quod in corpore fatum, in animo est provi-*» *dentia.* » Les lois de la nature ont donc leur principe dans la providence, et il y a contradiction entre le caractère fondamental de la providence et l'empire absolu de la nécessité métaphysique. Les lois du *fatum* ne sont donc ni primitives, ni exclusivement souveraines, et la raison répugne si peu à ce que certaines choses leur échappent, qu'elle conçoit tout un monde soumis à d'autres règles. — « Il y a donc entre la nature et la liberté » transcendentale la même différence qu'entre la » conformité aux lois et la licence. » La liberté a d'autres lois que la nature, et la liberté parfaite est toujours conforme aux lois qu'elle reconnaît. Sans doute il appartient à la personne libre de ne point suivre sans un plein consentement les règles auxquelles elle est sujette, et de troubler, quand elle le veut, l'ordre du monde dont elle fait partie. Mais si l'on étudie l'homme, on observe que plus il se conforme à la loi morale, plus il est véritablement libre; et que la licence, ou le mal, n'est le plus souvent en lui que le triomphe de la nature sur la liberté, l'asservissement de l'âme aux lois de la matière, qui sont proprement le *fatum*.

— « La nature promet à l'esprit une parfaite unité » d'expérience, et une exécution complète des lois. » Promesse trompeuse et démentie à chaque instant. Cette parfaite unité d'expérience suppose que tous les faits ne forment qu'un seul ordre, et les êtres un seul système. Mais quelques efforts que fasse la mauvaise dialectique, il faudra toujours reconnaître un monde physique et un monde moral, tous deux distincts, quoique ayant un principe commun, tous deux gouvernés par des lois propres, mais suivant un ordre suprême qui embrasse l'un et l'autre. Ces deux mondes présentent à la raison et à l'observation un double système. Le cours des choses morales ne se confond point avec le cours des événements physiques : par conséquent, il doit y avoir au moins une double unité d'expérience. Pourquoi promettre à l'intelligence humaine l'exécution complète des lois ? Les affaires humaines peuvent-elles être calculées certainement à l'avance comme le jeu des agents naturels ? l'histoire offre-t-elle le même caractère que la physique ou la géologie ? peut-on gouverner les hommes comme on dirige des machines ? Quel fruit l'intelligence peut-elle retirer de la doctrine qui nie la liberté, si ce n'est une illusion grossière qui altère profondément et ruine peu à peu les sciences dont l'homme est l'objet ? — « Tandis qu'au » contraire cette prétendue liberté... est une spon- » tanéité aveugle, qui rompt le fil des lois natu- » relles. » Ainsi, manifestement, toute l'argumentation était dirigée contre une spontanéité aveugle, contre une liberté séparée de l'intelligence et même en contradiction avec l'intelligence, contre un dogme monstrueux que personne ne soutient, et que la psychologie comme la saine métaphysique démentent hautement. On peut le combattre et le ruiner sans grande difficulté, mais que fait-on en le réfutant ? on apporte une preuve de plus au sentiment de ceux qui défendent la liberté réelle et la croient inattaquable pour tout esprit qui la connaît bien.

En résumé, on essaie de démontrer l'antithèse par ce raisonnement : Si la liberté existe, les états successifs d'un même être n'ont entre eux aucun lien ; Or, c'est une loi de la nature que tous les événements soient enchaînés par des rapports nécessaires ; Donc la liberté n'existe pas. La première proposition repose sur une fausse idée de la liberté : les actions libres ne se succèdent pas au hasard, elles ont des liens et s'expliquent en partie les unes les autres. Tout ce qui est requis pour la liberté, c'est que le lien de deux états successifs ne soit pas d'une nécessité métaphysique. Entre le *fatum* et le hasard, il y a la providence, qui n'est point nécessitée, mais qui suit des lois, combine les faits, poursuit un but, et peut mettre dans l'ensemble de son œuvre une parfaite unité. La seconde proposition n'est pas un principe premier de la raison ; la seule loi métaphysique qui ait une autorité primitive et absolue, c'est le principe de la raison suffisante, et la liberté n'est pas en contradiction avec ce principe. Une action libre a une cause productrice et une cause déterminante qui l'expliquent suffisamment. La cause déterminante de l'action libre est à la fois dans le motif, et dans le caractère essentiel aux êtres libres de se posséder eux-mêmes. Une personne a le pouvoir de se déterminer ; elle ne peut se sentir elle-même sans reconnaître ce pouvoir, et se trouver, par conséquent, toujours prête à l'exercer ; c'est plus qu'une puissance nue, c'est presqu'un acte permanent ; c'est une cause déterminante à demi réalisée, et qui n'attend qu'un achévement. Le plus faible des motifs peut lui donner cet achévement, et accomplir la raison suffisante de l'action, qui n'est pro-

duite ni par un principe aveugle, ni en vertu de la
fatalité qui exclut la souveraineté de la cause
libre sur elle-même. Il n'y a donc point de contradiction entre l'existence de la liberté et la loi suprême de la raison. Le principe invoqué par la
mineure n'est qu'un corollaire de cette loi suprême, et un corollaire qui s'applique seulement à la
nature, c'est-à-dire à la matière, et non à l'esprit.
En vertu de cette loi secondaire, il est certain que
tous les événements naturels ont entre eux un
rapport nécessaire, mais nullement, que tous les
événements du monde soient naturels. On peut
l'appliquer dans toute sa force à un être, supposé
que cet être ne soit pas libre; mais on ne peut y
soumettre les causes libres pour nier leur liberté.
En un mot, elle règle les choses, mais ne prouve
pas qu'il n'y ait point de personnes. Ainsi donc,
la majeure n'est point exacte, la mineure n'a pas
ici d'application possible, par conséquent la conclusion est vaine.

De la discusion de cette troisième antinomie,
il résulte que ni la thèse, ni l'antithèse ne sont
démontrées, et qu'au sujet de la liberté, la raison
n'est en contradition ni avec elle-même, ni avec
l'expérience.

QUATRIÈME COMBAT DES IDÉES TRANSCENDENTALES.

Thèse « Il existe un être absolument nécessaire
» qui appartient au monde, soit comme une de
» ses parties, soit comme sa cause. »

Démonstration. « Dans le monde sensible, con-
» sidéré comme l'ensemble de tous les phénomè-
» nes, est comprise la série de tous les change-
» ments. Car, sans cette série, la représentation de
» la série du temps ne nous serait point donnée,
» et le temps est une condition de la possibilité
» du monde sensible. Mais tout changement est
» soumis à une condition qui le précède dans le
» temps, et en vertu de laquelle il paraît néces-
» saire. Or, tout objet dépendant d'une condition,
» et dont la réalité nous est manifestée par l'expé-
» rience, suppose comme raison de son existence,
» une série complète de conditions s'étendant jus-
» qu'à l'être simplement absolu, qui seul est abso-
» lument nécessaire. Donc, il faut nécessairement
» qu'il existe un être absolument nécessaire. Mais
» cet être nécessaire appartient au monde sensible.
» Supposez, en effet, qu'il soit hors du monde;
» alors la série des changements dans le monde
» tirerait son origine de cette cause nécessaire,
» qui cependant n'appartiendrait pas au monde
« sensible. Or, cela est impossible. Le premier

» terme de la série du temps ne peut être déter-
» miné que par une cause qui le précède dans le
» temps; nécessairement donc, la condition su-
» prême de la série des changements existait dans
» le temps, lorsque cette série n'avait pas encore
» commencé (car une existence ne commence qu'à
» la condition qu'elle soit précédée d'un temps où
» elle n'était pas encore). Par conséquent l'action
» de la cause nécessaire des changements, et avec
» l'action, la cause elle-même, est dans le temps, et
» appartient ainsi à l'ordre des phénomènes (car
» le temps ne peut être que dans les phénomènes,
» et comme leur forme); en d'autres termes, on
» ne peut concevoir cette cause séparée du monde
» sensible, ou du système de tous les phénomè-
» nes. Il y a donc dans le monde sensible une
» existence absolument nécessaire, soit que l'ab-
» solue nécessité convienne à toute la série du
» monde, soit qu'elle se trouve dans une de ses
» parties seulement. »

Antithèse. « Il n'existe aucune nature absolu-
» ment nécessaire, ni dans le monde, ni hors du
» monde, comme premier principe des choses.»

Démonstration. « Supposez que le monde lui-
» même, ou une partie du monde, ait une exis-
» tence nécessaire : alors, ou dans la série des
» changements se trouve un premier terme abso-
» lument nécessaire qui, par conséquent, est sans

» cause, ce qui est en contradiction avec les lois
» dynamiques de la détermination de tous les
» phénomènes dans le temps; ou la série n'a
» point de premier terme, et quoique chacune de
» ses parties soit fortuite et attachée à des condi-
» tions, elle est dans sa totalité simplement né-
» cessaire et indépendante de toute condition,
» conséquence qui se contredit elle-même, puis-
» que l'existence d'un tout ne peut être néces-
» saire, quand aucune partie de ce tout ne com-
» prend en soi l'existence nécessaire.

« Supposez, au contraire, que le monde ait pour
» cause une nature absolument nécessaire exis-
» tant hors de lui : alors, cette nature absolue,
» comme terme suprême dans la série des causes
» qui déterminent tous les changements du
» monde, produit les termes suivants et com-
» mence véritablement la série. Or, il est en con-
» séquence nécessaire qu'elle-même commence à
» agir, que son action soit dans le temps, et par
» cette raison même, dans l'ordre des phénomè-
» nes, c'est-à-dire, dans le monde; donc cette
» nature absolue en tant que cause ne se trouve
» pas hors du monde, ce qui est en contradiction
» avec l'hypothèse. Il est donc prouvé qu'il
» n'existe aucune nature nécessaire, soit dans le
» monde, soit hors du monde, mais en rapport
» de causalité avec lui. »

Discussion de la thèse.

« Dans le monde sensible, considéré comme
» l'ensemble de tous les phénomènes, est com-
» prise la série de tous les changements. » Cette
première proposition doit être rectifiée en plusieurs points. 1°. Le monde n'est l'ensemble des
phénomènes, qu'à la condition d'être d'abord l'ensemble des existences et des lois. Les phénomènes, qui sont ou peuvent êtres sensibles, n'ont leur
raison d'être que dans certaines causes qui échappent à l'expérience. 2°. Parmi les changements,
il en est que notre perception n'atteint pas, et que,
pour ce motif, on peut appeler latents ; et souvent
les modifications insensibles qui se passent en
quelque façon dans les profondeurs de l'être, sont
celles qui ont le plus d'importance. 3°. L'expression de *série de changements* est impropre ; il n'y
a pas une série, mais un nombre indéfini de séries dans le monde des phénomènes, toutes dis-
tribuées en deux ordres, dont l'unité ne se trouve
que bien au-delà de l'expérience, et, en dernière
analyse, dans les conseils de la providence divine.
Ces diverses erreurs n'ont toutefois qu'une in-
fluence secondaire sur la suite du raisonnement.
— « Sans cette série, la représentation de la série
» du temps ne nous serait point donnée, et le
» temps est une condition de la possibilité du
» monde sensible. » Cette phrase est embarrassée

parce que la doctrine de l'æsthétique transcendentale sur le temps, y est imposée à la raison dogmatique, dont les arguments supposent naturellement une doctrine toute différente. Nous
accordons que certains événements nous font
sentir, ou plutôt, concevoir la durée ; mais il est
faux que nous nous représentions, au moyen des
changements, la série du temps. Cette série est
indéfinie ; ce qui en accomplit la notion, c'est une
opération de l'intelligence se développant sous
l'empire de l'idée suprême de la raison, que Kant
a si bien mise en lumière ; et, en conséquence,
nous entendons la série illimitée du temps, nous
ne nous la représentons pas. Cette distinction est
très importante pour la métaphysique ; en ce moment, elle nous autorise à conclure que si le
temps est la condition de l'existence du monde,
ce n'est pas seulement au sens de l'æsthétique
transcendentale. En effet, la durée, chose intelligible, est la condition de ce qu'il y a de purement
intelligible dans la réalité du monde, tout aussi
bien que la succession est la loi des changements
sensibles, qui sont la matière propre de l'expérience.
— « Mais tout changement est soumis à une con-
» dition qui le précède dans le temps, et en vertu
» de laquelle il paraît nécessaire. » La condition
ne nécessite le changement que sous l'empire du
fatum ; mais il est très vrai que le changement
suppose nécessairement une condition. Cette loi

de l'intelligence ne s'applique pas seulement aux
modifications sensibles, mais à toute réalité dont
l'existence commence dans le temps, et se trouve
marquée du caractère de contingence. — « Or
» tout objet dépendant d'une condition, et dont
» la réalité nous est manifestée par l'expérience,
» suppose comme raison de son existence, une
» série complète de conditions s'étendant jusqu'à
» l'être simplement absolu, qui seul est absolu-
» ment nécessaire. » C'est là une vérité première,
et un de ces rares principes qu'on ne peut contester sérieusement. Ce qui est conditionnel suppose nécessairement ce qui est *inconditionnel* ou
absolu ; c'est un corollaire immédiat, ou plutôt une
simple transformation du principe de la raison
suffisante. Rien n'est, sans une raison suffisante :
l'existence conditionnelle n'a pas sa raison d'être
en elle-même ; donc, si elle est réellement, elle
prouve invinciblement la réalité de l'être qui a sa
raison d'être en lui-même, réalité qui seule est
métaphysiquement nécessaire. L'existence de l'*inconditionnel* est ainsi fondamentale dans les choses,
comme l'idée de l'*inconditionnel* est principale
dans l'esprit. Aucune science ne peut présenter de
conséquence plus légitimement établie que celle-
ci : « Donc il faut nécessairement qu'il existe un
» être absolument nécessaire. »

« Mais cet être appartient au monde sensible. »
Si l'on parvenait à démontrer cette seconde partie

de la thèse, la première serait détruite, car l'intelligence est forcée de reconnaître qu'il y a une entière opposition entre l'essence de l'être absolu et la nature du monde sensible, c'est-à-dire, de l'être divisible. L'une exclut l'autre; vouloir les confondre, c'est renoncer à la raison, et non pas l'interroger pour la convaincre de contradiction. — « Supposez qu'il soit hors du monde, alors la » série des changements dans le monde tirerait » son origine de cette cause nécessaire, qui ce- » pendant n'appartiendrait pas au monde sensi- » ble. Or cela est impossible. » Est-il nécessaire d'appartenir au monde pour avoir un rapport avec lui ? ou plus généralement, n'y a-t il de re- lation qu'entre deux termes homogènes? C'est là la question. Elle nous paraît résolue depuis long- temps contre l'empirisme. Voyons si Kant produit pour le réhabiliter en ce point, quelque argument démonstratif. — « Le premier terme de la série » du temps ne peut être déterminé que par une » cause qui le précède dans le temps. » Il ne peut être question du premier moment de la durée, ce qui n'aurait pas de sens, mais du premier terme d'une série d'existences ou de phénomènes pro- duits dans le temps. Or, est-il vrai que la cause de ce premier terme le précède nécessairement, et soit dans le temps avant lui ? Lorsque ce premier terme n'était pas, la cause absolue était; voilà ce qu'il y a de certain. Elle était donc dans le temps?

la conséquence n'est nullement rigoureuse ; disons plus, elle est impossible. On peut être lorsqu'un certain temps s'écoule, sans être dans le temps ; de même qu'on peut être présent à un certain espace, sans être dans l'espace. C'est là une maxime de la raison dogmatique, contre laquelle ne s'élève ici aucune objection, et qui conservant son autorité, prouve que la conséquence n'est pas rigoureuse. D'un autre côté, l'être absolu ayant la plénitude de l'être, n'est point soumis à la condition du temps ; son existence étant toujours entière, il répugne qu'elle s'écoule, et n'ait qu'une réalité successive ; en d'autres termes, il implique contradiction que l'être souverainement réel ne possède l'existence que par fragments, et perde l'être à mesure qu'il l'atteint (1). Il est donc infiniment au dessus de la durée et du temps ; il est,

(1) Kant nous interdit dans la discussion de ces antinomies les considérations tirées de la Théodicée (*Scholion ad antinom. quartam*, § 1*), d'après ce motif que l'emploi de la raison par rapport à la totalité des séries de phénomènes que présente le monde , est très différent de l'emploi de cette même raison par rapport à la réalité suprême, *natura naturarum*, qui est un pur idéal; sans aucun point de comparaison avec le monde visible. Mais il est impossible de se condamner à une telle abstraction : les croyances de l'esprit humain ne sont pas faites de plusieurs pièces ; on ne scinde pas la vérité.

* Ad evincendam existentiam naturæ necessariæ hoc loco nullo alio uti argumento debeo, quam cosmologico..... argumentum e sola idea naturæ supremæ, ad aliud rationis principium pertinet, quod proinde singulatim debebit obvenire.

et le temps coule ; à chaque instant de la durée indéfinie, on peut dire de l'absolu qu'il est ; dans sa *permanence indivisible* (1), il précède et il suit toute existence passagère, mais on ne peut en conclure qu'il est dans le temps avant et après cette existence. Mettez-le dans le temps, il cesse d'être absolu. Mais, s'il est hors du temps, comment son effet tombera-t-il sous la loi de la durée? La cause ne doit-elle pas être un terme homogène à l'effet? Il est si peu nécessaire que la cause soit homogène à l'effet, que tout phénomène ayant deux causes (productrice et déterminante), l'une d'elles est d'une nature tout opposée à celle de l'effet. La cause productrice est un principe qui a sa place dans un ordre différent de celui qui est appelé ici série des phénomènes. Une telle cause est substantielle, et en conséquence de ce caractère fondamental, il n'y a aucune assimilation possible entre elle et un fait. Les effets de notre force libre, qui est la seule cause productrice que nous connaissions immédiatement, nous montrent bien comment un principe d'action peut produire des phénomènes, déterminer des changements qui n'aient avec lui aucune homogénéité véritable. Il est possible à une nature inétendue de causer des changements dans l'étendue ; il est possible à une nature dont l'essence ne tombe point dans le temps,

_____

(1) *Fénelon , Traité de l'existence de Dieu ,* 2ᵐᵉ partie , § 93.

de causer des changements dans le temps. Nous ne trouverons ainsi aucune rigueur dans cette conséquence : « Nécessairement donc la condition » suprême de la série des changements existait » dans le temps, lorsque cette série n'avait pas » encore commencé. » La cause productrice de la série n'est pas soumise aux mêmes lois que les changements qui ont en elle leur origine. La condition suprême des existences contingentes est, par sa nature absolue, indivisible et éternelle. Le temps, que Platon le premier a appelé l'image mobile de l'éternité (1), ne contient pas cette cause nécessaire ; elle est quand l'être qui commence n'est pas encore ; mais elle ne déchoit pas de son éternité pour agir, et ne perd pas sa plénitude pour manifester sa puissance. — « Par con- » séquent l'action de la cause nécessaire des » changements, et avec l'action, la cause elle- » même, est dans le temps, et appartient ainsi à » l'ordre des phénomènes (car le temps ne peut » être que dans les phénomènes et comme leur » forme). » L'action de la cause suprême n'est pas nécessairement dans le temps ; l'acte n'est pas soumis aux mêmes conditions que les phénomènes dont il est la source. C'est ainsi que l'effort n'est pas dans l'espace, et produit cependant des phénomènes dont l'espace est la condition essentielle.

---

(1) *Timée, traduct. de M Cousin*, p. 130.

Nous savons bien qu'il y a de grandes difficultés à
faire commencer les effets de la puissance divine;
mais ces difficultés viennent de la considération
même de cette nature parfaite; ce ne sont point
les caractères et les lois du monde qui les font
naître : en un mot, elles sont théologiques et
non point cosmologiques. Quelle qu'en soit la solution (1), il restera toujours établi, que l'acte de
la puissance divine n'est pas un terme de la série
des phénomènes ; et quand même on prouverait,
ce qu'on ne fera jamais, que l'exercice immédiat
de cette puissance est dans le temps, on ne serait
nullement fondé à ajouter que la cause elle-même
est dans le temps comme son acte. L'être ne suit
pas la condition de ses manifestations ; ce qui est
vrai d'un fait, n'est pas immédiatement vrai du
principe de ce fait. Il faudrait donc prouver par
une démonstration particulière que l'existence
nécessaire est successive, répandue dans le temps;
et nous avons indiqué pour quels motifs cette démonstration est impossible. — Il est inutile de
discuter les propositions suivantes qui ne sont
données que comme des corollaires de ce principe
sans valeur : l'être absolu est dans le temps. Nous
devons faire remarquer cependant, que si l'on

(1) Tout ce que l'on pourrait conclure de ces difficultés,
c'est que le monde n'a pas commencé, et non pas que la
cause suprême du monde est dans le temps et n'a qu'une
existence successive.

pousse l'empirisme jusqu'à dire : « La cause su-
» prême est un phénomène; » on énonce une
proposition contradictoire, dont voici le sens propre : « L'être absolu est contingent. » Quelle loi
de l'intelligence peut autoriser une telle conclusion ? aucune, manifestement. L'argumentation
n'invoque ici que cette maxime de l'idéalisme
transcendental : Le temps ne convient qu'aux
phénomènes dont il est la forme. Mais la raison
dogmatique repousse un tel dogme; si elle ac-
ceptait l'idéalisme transcendental, elle abdiquerait
aussitôt sa propre autorité, et ne tenterait pas de
résoudre des questions qui échapperaient évidemment à sa compétence.

En résumé, la thèse se compose de deux parties:
1°. Il existe un être nécessaire; 2°. Cet être nécessaire n'est pas distinct du monde. A l'appui de la
première partie, Kant reproduit cet argument :
Toute existence relative suppose l'existence d'une
cause absolue sans laquelle elle ne pourrait être ;
Or, nous voyons dans le monde des phénomènes
dont l'existence est manifestement relative; Donc
il existe un premier principe absolu. La majeure
est incontestable; elle dérive immédiatement du
premier axiome de l'esprit : Rien n'est sans une
raison suffisante. La mineure est aussi parfaitement certaine : Ce qui commence à être n'a pas
en soi une raison suffisante; l'existence du phénomène est conditionnelle. Il n'y a donc rien de plus

légitime que la conclusion, et cette première partie de la thèse est une des plus solides vérités dont l'esprit humain soit en possession.

Pour démontrer que l'être nécessaire n'est pas distinct du monde, on fait ce raisonnement : Toute cause productrice d'une existence qui commence, est dans le temps qui précède cette existence ; Or, l'être absolu est la cause productrice des phénomènes du monde, qui ont un premier terme ; Donc, l'être absolu est dans le temps, et, par conséquent, dans l'ordre des phénomènes. La majeure n'est ni évidente ni prouvée. Une cause productrice peut être lorsqu'un certain temps s'écoule, sans être dans le temps ; une existence n'est dans le temps que si elle a des parties successives ; et il n'est nullement démontré qu'une nature, dont l'existence n'est point successive, ne peut produire certaines existences, ou certains phénomènes dans le temps. En conséquence, on peut admettre la mineure, sans que la conclusion soit légitime. Mais est-il nécessaire de juger que la série des phénomènes du monde a un commencement, si elle procède de la cause absolue ? Nullement. L'œuvre de la puissance suprême peut remplir la durée indéfinie : ce qui est certain, du moins, c'est qu'aucun argument cosmologique ne prouvera le contraire. Nous ne sommes donc point forcés d'admettre la mineure, telle qu'elle est exprimée, et la conclusion est doublement infirmée.

Discussion de l'antithèse.

« Supposez que le monde lui-même, ou une par-
« tie du monde, ait une existence nécessaire. » La
raison dogmatique n'a jamais supposé qu'une partie du monde fût nécessaire ; et si certaines écoles
ont attribué au monde une existence absolue, c'est
qu'elles voyaient en lui autre chose qu'une série
de phénomènes. Ce n'est pas attaquer la raison
dogmatique, mais, en effet, la servir, que de réfuter
deux hypothèses qui se combattent elles-mêmes.
L'argumentation à l'appui de cette première partie de l'antithèse sera donc facilement rigoureuse,
et la métaphysique est intéressée à ce qu'elle ait
le plus de force possible. — « Alors, ou, dans la
» série des changements, se trouve un premier
» terme absolument nécessaire, qui, par consé-
» quent est sans cause : ce qui est en contradic-
» tion avec les lois dynamiques de la détermination
» de tous les phénomènes dans le temps ;.... » En
termes plus simples, un phénomène n'est point
sans condition. Dès que l'on parle d'un terme homogène aux autres termes de la même série, il est
manifestement impossible de reconnaître, entre
cette partie et les parties suivantes du même tout,
une différence telle que l'une ait l'existence par
elle-même, et les autres par dérivation : ce qui est
véritablement la plus grande différence que l'on

puisse concevoir entre deux natures. D'un autre
côté, si l'on ne faisait pas de la cause absolue un
phénomène, on ne pourrait plus dire que son existence est en contradiction avec la loi de causalité
ou le principe de la raison suffisante, puisque le
propre de l'être nécessaire est d'avoir en soi sa
raison suffisante. — « Ou la série n'a point de pre-
» mier terme, et quoique chacune de ses parties
» soit fortuite et attachée à des conditions, elle est,
» dans sa totalité, simplement nécessaire et indé-
» pendante de toute condition. » C'est bien là le
langage qu'il faut tenir, si l'on soutient que le
monde existe par lui-même, et qu'il n'est rien de
plus que l'ensemble des phénomènes; mais qui a
jamais songé à réunir dans une même doctrine
ces deux propositions erronées? C'est battre l'air
que de réfuter une telle hypothèse. — « Cette con-
» séquence se contredit elle-même, puisque l'exi-
» stence d'un tout ne peut être nécessaire, quand
» aucune partie de ce tout ne comprend en soi
» l'existence nécessaire. » La démonstration est
concluante; car, il est parfaitement vrai que, si un
tout est nécessaire, les parties qui le composent ne
peuvent avoir une existence conditionnelle. L'existence du tout n'est que la somme de l'existence
des parties, et il est impossible que la somme ait
d'autre caractère essentiel que celui des éléments
dans lesquels elle se résout. On doit tenir pour
évident que l'existence absolue ne convient ni à

un phénomène, ni à l'ensemble des phénomènes ;
et certes, il n'est pas à craindre que l'on sur-
prenne jamais, en ce point, la raison dogmatique
en contradiction avec elle-même.

« Supposez, au contraire, que le monde ait pour
» cause une nature absolument nécessaire existant
» hors de lui. » C'est là plus qu'une hypothèse ;
c'est le fondement même de toute la théodicée ; et
s'il est renversé, le monde n'a plus d'explication
possible, et la religion perd son autorité.—«Alors,
» cette nature absolue, comme terme suprême
» dans la série des causes qui déterminent tous
» les changements du monde, produit les termes
» suivants, et commence véritablement la série. »
La conséquence est faussement exprimée, et nous
ne pouvons l'accepter sous cette forme. La cause
absolue est assimilée aux autres causes, avec cette
seule différence qu'elle est première et donne
naissance à la série ; mais dès-lors que l'on conçoit une nature absolue comme condition des phénomènes, on reconnaît qu'elle diffère essentiellement des effets qu'elle produit, et qu'elle ne peut,
sans cesser d'être elle-même, prendre place dans
leur ordre. Le premier terme d'une série est homogène aux autres termes : entre la cause absolue et les causes secondaires, nulle homogénéité,
puisqu'il ne peut y avoir de plus grande différence
entre deux natures, que celle qui distingue l'être
absolu de l'être dérivé. En fait, si la raison s'élève

à la conception de l'être nécessaire, c'est qu'elle a reconnu qu'une cause conditionnelle et de l'ordre des phénomènes ne peut rien expliquer définitivement ; c'est qu'il lui paraît évident qu'il faut sortir de la série des existences contingentes, pour trouver le principe de ces existences. Comment donc pourrait-elle admettre que la cause absolue est un terme de la série des phénomènes, et un principe analogue à ceux dont l'expérience nous manifeste la réalité ? Elle repousse toute proposition qui assimile l'être nécessaire à ses effets passagers et successifs, et déclare que, de la vérité qui est attaquée en ce moment, il ne résulte en aucune façon : « que la nature nécessaire soit un » terme dans la série des causes. » Si le monde a un commencement, ce qui n'est pas démontré, la première réalité et le premier événement du monde sont produits par l'être nécessaire ; mais il ne s'ensuit pas que cet être devienne par là le premier terme du monde. C'est ainsi que, lorsque la puissance de l'homme détermine un certain nombre de mouvements successifs dans une machine, on ne peut pas en conclure que cette puissance soit le premier terme de la série des mouvements. Plus l'on se rend compte de la causalité de l'être absolu, plus les propositions, que l'on regarde ici comme évidentes, paraissent contraires à la vérité.

— « Or, il est, en conséquence, nécessaire » qu'elle-même commence à agir, que son action

» soit dans le temps, et, par cette raison même,
» dans l'ordre des phénomènes, c'est-à-dire dans
» le monde. » Si le monde a un commencement,
l'action de la puissance divine commence-t-elle
ainsi que son effet ? Cela paraît vraisemblable, mais
non pas immédiatement certain. On pourrait, selon des principes métaphysiques très dignes de
considération, résister à la conséquence (1). Mais
quelque soit le résultat de cette controverse difficile, l'argument que nous discutons n'en aura pas
plus de valeur ; car rien n'empêche d'admettre
que le monde n'ait point de commencement, et
qu'il soit cependant produit par une cause absolue ;
une durée indéfinie peut convenir sans difficulté
à l'œuvre d'une puissance éternelle. Il n'est donc
pas prouvé que l'action de la cause nécessaire soit
dans le temps ; et nous avons déjà remarqué qu'a-
lors même qu'elle serait dans le temps, il n'en ré-

(1) Voici le raisonnement que l'on pourrait faire et qui ne
manque pas d'une certaine force : Si Dieu est doué du pouvoir créateur, il n'agit pas à la façon des hommes ; sa volonté
seule suffit pour que l'existence commence hors de lui, et
prenne place, là où était le néant. Or, si la volonté de Dieu
suffit sans autre cause pour la production de l'être, il n'est
pas nécessaire que cette volonté soit enchaînée à une condition de temps, c'est-à-dire que l'être existe au moment où
Dieu se résout à le créer. Dieu peut vouloir de toute éternité
créer un être dans le temps, et cette volonté suffit, sans acte
nouveau de la puissance divine, pour qu'une certaine existence, objet de ce commandement éternel, commence à être,
à un moment particulier de la durée indéfinie.

sulterait pas qu'elle est un pur phénomène, et
bien moins encore, que l'être dont elle est la manifestation suit en tout sa condition, et tombe
avec elle dans le temps et dans le monde phéno-
ménal. — « Donc, cette nature absolue, en tant
» que cause, ne se trouve pas hors du monde, ce
» qui est en contradiction avec l'hypothèse. » Ce
qui nous frappe surtout dans cette conclusion,
dont nous avons montré à l'avance tout le vice,
c'est qu'en prétendant dévoiler une contradiction
dans la principale vérité de la métaphysique, elle
implique elle-même une contradiction flagrante.
Qu'affirme-t-elle ? que la cause absolue est dans le
monde, c'est-à-dire, que l'être nécessaire est un
phénomène. Mais l'existence nécessaire étant par
elle-même ne cesse pas d'être; donc voilà un phénomène qui dure toujours : mais le caractère essentiel des phénomènes est de se succéder dans le
temps ; donc on affirme à la fois d'une même existence, et qu'elle est remplacée par une autre dans
le temps, et qu'elle dure toujours, ce qui implique la plus palpable de toutes les contradictions.
Et ce n'est pas seulement le premier phénomène,
en sa qualité de cause nécessaire, qui durera
toujours, mais tous les phénomènes sans exception
auront cette durée sans fin, que l'empirisme
appelle faussement l'éternité. Nous le prouvons
en vertu même des principes reconnus et invoqués

par la doctrine qui soutient les antithèses (1). La cause nécessaire subsistant toujours, produit tou_ jours son effet; donc, le second terme de la série ne cesse jamais d'être. Mais ce terme, effet du premier, devient lui-même cause du troisième; comme il dure toujours, son effet est toujours produit, c'est-à-dire existe toujours; et, par la même raison, tous les phénomènes suivants ont une existence sans fin. Donc, il n'y a plus de phéno- mènes; on les détruit, en les expliquant. Il est impossible, en vertu des lois de la logique, de conclure que la cause absolue fait partie du monde. Elle existe éternellement hors du monde; c'est là une vérité contre laquelle les objections seront toujours impuissantes.

En résumé, on prouve très bien que l'être absolu n'est ni un phénomène, ni l'ensemble des phéno- mènes, parce qu'on ne peut attribuer l'existence nécessaire à un terme d'une série dont tous les autres membres sont contingents, et parce qu'un composé, dont toutes les parties sont condition- nelles, n'a manifestement point l'être sans condi- tion et par sa vertu propre. Mais l'antithèse affirme

---

(1) In assertionibus antitheseos perfectam convenientiam modi cogitandi plenamque sententiæ unitatem animadverti- mus, nempe principium empirismi puri, non solum in eno- datione visorum in mundo, verum etiam in solutione idea- rum transcendentalium, de ipsa rerum universitate. *Antinòm. ration. puræ*, sect. III, *de invitam. ration.*

aussi que l'être absolu n'existe pas hors du monde,
et pour établir cette dernière proposition, on
reproduit l'argument employé déjà pour la seconde
partie de la thèse : La cause productrice d'une série
d'événements qui commence, commence elle-même
à agir ; Or, l'être absolu est la cause productrice
des événements du monde, qui ont un premier
terme ; Donc l'être absolu, en tant que cause, se
trouve dans le temps et fait partie des phénomènes.
Nous avons montré, dans la discussion de la thèse,
toute la faiblesse de cet argument, qui n'a pas reçu,
sous sa seconde forme, une valeur nouvelle. Il
n'est pas certain que les événements du monde
aient un commencement; il est faux que l'être absolu
fasse partie de la série des causes ; il n'y a entre
lui et les termes de cette série aucune homogénéité;
tout ce qui est dans le temps n'est pas pour cette
raison dans l'ordre des phénomènes. Enfin, il n'est
pas un seul mot de cet argument qui ne donne
lieu à une objection solide, et c'est peut-être le
moins démonstratif de tous ceux que nous avons
rencontrés dans les antinomies.

De la discussion de cette dernière antinomie,
il résulte que la thèse est vraie, si on la restreint
à la première proposition : Il existe une nature
absolument nécessaire ; que l'antithèse est vraie
également, si on la réduit à ces termes : L'être nécessaire n'est ni un phénomène, ni l'ensemble des

phénomènes. Mais comme on ne démontre point
que l'être nécessaire ne peut exister hors du monde,
il n'y a aucune opposition entre les propositions
établies ici par la raison dogmatique, et l'antithèse
vient à l'appui de la thèse, loin de la contredire.

En définitive, sur la première question : Le
monde est-il fini, ou indéfini ? il n'y a pas d'antinomie : ni la thèse ni l'antithèse ne sont démontrées.

Sur la deuxième question : La substance composée a-t-elle, ou n'a-t-elle pas pour éléments des
parties simples ? il n'y a pas d'antinomie : la raison
ne démontre que cette partie de l'antithèse : Une
substance à laquelle l'étendue est essentielle n'a
point de parties simples.

Sur la troisième question : Existe-t-il, ou non,
des causes libres dans le monde ? il n'y a pas d'antinomie : ni la thèse ni l'antithèse ne sont démontrées par le raisonnement, et par conséquent la
raison ne contredit pas en ce point l'expérience.

Sur la quatrième question : Existe-t-il, ou non,
une première cause absolument nécessaire ? il n'y
a pas d'antinomie : la raison n'établit qu'une partie de la thèse : Il existe un principe absolu, et une
partie de l'antithèse : L'être absolu n'est ni un
phénomène, ni l'ensemble des phénomènes. Mais
la seconde proposition loin de contredire la première, en est le complément logique.

Ainsi donc, nulle part la raison n'est en contradiction avec elle-même, et les prétendues antinomies de la dialectique transcendentale ne peuvent infirmer la légitimité objective de notre faculté de connaître.

———

Kant tire de ses antinomies un nouvel argument contre la raison dogmatique; nous pensons que l'on pourrait, au contraire, après un examen sérieux, tirer des antinomies un nouvel argument contre la philosophie critique. Il est au moins facile de montrer que les antinomies ont leur racine dans le système de l'idéalisme transcendental. Kant prétend que l'idéalisme transcendental donne la clef de ces contradictions rationnelles(1); cette assertion est exacte, mais dans un sens tout opposé à celui qu'y attache l'auteur. L'idéalisme kantien donne la clef des antinomies, parce que les contradictions apparentes de la raison dérivent des principales maximes du système critique, et que c'est en vertu de ces maximes que l'on démontre successivement les thèses opposées.

On peut réduire à trois points fondamentaux toute la doctrine développée dans la Critique de

(1) *Antin. ration. puræ*, sect. **VI** ; *Idealismus transcendentalis, utpote clavis dialectices cosmologicæ aperiendæ.*

la Raison pure. 1°. Le temps et l'espace ne sont rien de plus que les formes de notre sensibilité et les conditions internes de nos représentations empiriques(1). 2°. Les catégories de l'entendement sont des formes intellectuelles, qui s'appliquent aux représentations, pour leur imprimer le caractère de l'unité; l'unité intellectuelle, constitue entre les représentations un lien nécessaire; sans ce lien nécessaire, les sensations demeurent purement subjectives, et il n'y a pas d'expérience (2). 3°. L'idée principale de la raison, ou la conception de l'absolu, n'a de valeur que dans son rapport aux opérations de l'entendement ; de même que les lois de l'entendement n'ont de valeur que dans leur application aux représentations empiriques, matière de l'expérience. L'idée de l'absolu sert au développement de l'intelligence, ouvre à l'esprit une perspective sans fin ; elle n'a plus de sens, lors-

---

(1) *Æsteth. transcendent.* — Extra omnem dubitationis aleam positum... spatium et tempus, tamquam leges necessarias omnis (tum externæ, tum internæ) experientiæ, singulares modo et subjectivas in nobis leges esse omnium omnino nostrarum visionum. § 8, 1.

(2) *Logica transcendentalis.* — Omnes visiones sensitivæ categoriis subsunt, tamquam legibus, quibus solis illarum varietas in una potest conscientia colligi. — Universæ categoriæ nihil quidquam aliud sunt, nisi functiones judicandi, quatenus varietas visionis datæ ratione illarum determinata est. *Deduct. transcend. concept.* § 20.

qu'on ne la rapporte pas au monde expérimental, par l'intermédiaire de l'entendement (1).

A ces points fondamentaux se rattachent un grand nombre de conséquences facilement déduites, et particulièrement, les diverses propositions qui servent à démontrer presque toutes les thèses contradictoires des antinomies. C'est ce que nous allons essayer de mettre brièvement en lumière.

Première antinomie. Pour prouver que le monde est fini, on invoque les principes suivants :

Une série infinie ne peut jamais être accomplie ;

Pour connaître la grandeur d'un tout qui n'est pas renfermé dans les limites d'une certaine expérience, il faut une synthèse successive ;

Ce dont nous ne pouvons nous former la notion

---

(1) *Dialectica transcendent.* — Ratio in facultate versatur unitatis legum intelligentiæ principiis subjectæ. Itaque ea numquam proxime spectat experientiam, aut rem oblatam quampiam, sed intelligentiam, cujus variis cognitionibus unitatem impertit ex anticipatione per conceptus. *Institut.* II, *de Ratione in universum.* — Quod si autem ab hac idea ad solum usum adstricta empiricum recedamus, tum ratio variis modis in errorem inducitur, propterea quod illa tum territorium experientiæ, quod tamen notas viæ illius in se continere debet, relinquit, ultraque illud ad incomprehensa atque haud pervestiganda audet transire, cujus de sublimitate, necesse est, ut vertigine corripiatur, quoniam e statione istius ab omni cum experientia consentiente usu prorsus sese videt exclusam. *De fine ultimo dialectices natural. ratio. human.*

conformément à une expérience possible, n'existe
pas.

Ces trois principes se rattachent à l'idéalisme
transcendental. 1°. Ce qui donne le plus de force
au premier, et ce qui en permet l'application dans
cette antinomie, c'est la confusion d'un tout indéfini avec l'infini, confusion inévitable dans la
doctrine kantienne. L'absolu, pour Kant, est la
totalité des conditions, telle que l'implique la
forme logique du raisonnement (1). Or, l'idée du
véritable infini ne diffère pas de la conception de
l'absolu ; donc l'infini réside dans la totalité des
conditions. Mais on ne peut attacher de sens à
une telle idée qu'en la rapportant à l'expérience ;
l'infini est donc la totalité des conditions ou des
éléments de connaissance proposés dans l'expérience, en d'autres termes, il est un tout indéfini, d'où il résulte que l'on attribue à l'indéfini
ce qui n'appartient qu'à l'infini, entre autres cette
propriété de n'avoir absolument aucune limite,
tandis que l'indéfini peut être limité d'un côté.—
2°.«Pour connaître la grandeur d'un tout qui n'est
» pas renfermé dans les limites d'une certaine ex-

___

(1) Conceptus rationis transcendentalis nullus est , nisi
conceptus *totalitatis conditionum* ad datum quiddam , quod
inde pendeat. Cum igitur *absoluto* fiat solo , ut esse queat
conditionum totalitas, omnino conceptus purus rationis pote-
rit conceptu absoluti , quatenus is rationem syntheseos con-
tinet ejus, quod pendet, definiri. *De ideis transcendent.*

» périence, il faut une synthèse successive.» Selon la doctrine de Kant, l'intelligence ne connaît rien directement par elle-même, elle ne contient en elle que des formes vides, et toutes ses opérations ne peuvent que multiplier ces formes indéfiniment, sans nous faire rencontrer la moindre réalité, tant que la sensibilité empirique ne présente pas une matière à notre activité intellectuelle (1). Les catégories et les lois de l'entendement n'ayant de valeur que dans leur rapport à l'expérience, il faut, pour se former une véritable notion qui prenne rang parmi les connaissances, que l'esprit ait devant lui des représentations empiriques correspondant à cette notion, et la légitimant. Par conséquent, pour connaître une certaine grandeur, il faut, ou la voir effectivement, ou se la représenter du moins par une image, que l'*imaginative* construit peu à peu, et qui est l'œuvre d'une synthèse successive (2). 3°. «Ce dont nous ne pou-

_____

(1) Universi conceptus, et universa decreta, quamtumvis ex anticipatione sint, tamen ad visiones empiricas, ad data experientiæ possibilis referuntur. Quod si secus sit, nullus iis valor objectivus erit, potiusque in solo illi luso versabuntur. *Analyt. decret.* c. III ; *de fundamento divisionis omnium rerum in phænom. et noumena.*

(2) Hinc cogitur, ut categoriæ, schematibus destitutæ, in solis quidem functionibus intelligentiæ versentur, neque tamen ullam rem objectam repræsentare videantur. — Illud schema quidem per se semper effectum phantasiæ erit. Hanc repræsentationem actionis phantasiæ, imaginem conceptui

» vons nous former la notion conformément à
» une expérience possible, n'existe pas. » Cette
proposition, étrange partout ailleurs, est très naturelle dans le système critique. Puisque l'entendement détaché de la sensibilité, n'a rien en
lui qui corresponde à la réalité, il paraît légitime
de conclure que rien n'existe, si ce n'est ce qui
peut devenir l'objet de l'expérience, ce que l'on
nomme proprement phénomène. Mais le phénomène n'a pas une existence indépendante de l'esprit (1); car, pour qu'il y ait expérience, il faut
qu'une catégorie de l'intelligence se joigne aux
représentations empiriques, et les unisse par un
rapport nécessaire. Or, unir des représentations
par un tel rapport, c'est ce que l'on appelle concevoir, se former une notion vraie. Donc, pour
qu'un phénomène existe, il faut que nous puissions le concevoir. Mais, dans le monde, il n'existe
que des phénomémes ; donc ce que nous ne pouvons concevoir n'a point de réalité (2).

---

ministrandi , schema hujus conceptus nominabo. *Analyt.
decret.* c. **I,** *de Schematismo conceptuum purorum intelligentiæ.*

(1) Sed illud ipsum spatium,una cum tempore hocce,et simul
cum utroque, visa universa, tamen in se ipsa in nullis rebus
versantur, sed in meris repræsentationibus , neque ullo pacto
possunt extra animum nostrum exstare. *Idealism. transc.
utpote clavis, etc.*

(2) Talium noumenorum possibilitas non potest perspici,
et ambitus extra sphæram visorum vacuus est... in quo quidquam nequeant positivi poni. *Analyt. decret.* c. **III.**

Pour prouver que le monde est infini, on emploie ces trois principes qui sont proposés comme des axiomes :

Une chose n'a point de raison suffisante quand elle n'est pas nécessairement déterminée sous tous les rapports à la fois ;

L'espace vide est un pur néant.

La relation de l'être au néant est entièrement chimérique.

Ces propositions ne se rattachent point à l'idéalisme transcendental, qui ne fournit des motifs qu'à la thèse.

Deuxième antinomie. Pour prouver que la substance composée a pour éléments des parties simples, on suppose accordé : que toute composition entre les substances est fortuite, et qu'en conséquence, un composé, dans lequel on ne peut supprimer toute composition, n'a point d'éléments substantiels. Le principe ne dérive pas particulièrement de l'idéalisme transcendental, qui dans cette seconde antinomie, n'établit, selon ses maximes, que l'antithèse.

Pour prouver qu'il n'existe absolument rien de simple au monde, Kant s'appuie sur ces divers principes :

On ne peut conclure de la simplicité apparente à la simplicité réelle d'une représentation ;

L'expérience ne nous donne jamais occasion d'appliquer notre idée d'une nature parfaitement simple;

Le monde n'est rien de plus que l'ensemble de tous les phénomènes.

Nous reconnaissons là au premier coup d'œil la doctrine critique. 1°. La représentation empirique est une modification passagère de la sensibilité, modification déterminée par un objet qui nous demeure entièrement inconnu, et à laquelle s'applique la forme de notre faculté de sentir. Il y a donc manifestement, dans la représentation ou vision, des caractères qui ne se trouvent pas dans l'objet insaisissable auquel elle correspond ; d'où l'on conclut, qu'aucune représentation interne n'est adéquate à son objet (1). Il ne faut donc pas consulter la nature des choses pour savoir si nous avons des perceptions simples. Et si l'on examine d'un côté la nature de notre sensibilité, qui a l'indéfini (le temps et l'espace) pour forme, et de l'autre la portée de notre conscience, qui est renfermée dans des limites manifestes, il devient évident que la simplicité apparente d'une perception n'est pas une preuve de sa simplicité réelle. C'est là, comme nous le voyons, une conséquence que fournit légitimement la théorie de la perception dans le système kantien. 2°. « L'expérience ne nous

(1) Phænomena posita duntaxat sunt in repræsentationibus rerum; quæ talia, qualia per se sint, ignota sunt. *Deduct. transc. concep. puror.* §. 26. — Cf. Prolegom. ad Metaphys. § 13, animadv. II.

» donne jamais occasion d'appliquer notre idée
» d'une nature parfaitement simple. » Nous ne
pouvons jamais conclure que sous certains phénomènes, variables et multiples, existe une nature
simple, dérobée aux sens, mais accessible à l'entendement. Une telle nature serait en dehors de
toute expérience possible, et n'aurait d'autres caractères que ceux d'un *noumène*; mais l'existence
d'un *noumène* est essentiellement problématique
et ne devient jamais l'objet d'une conaissance certaine (1). Il serait, d'ailleurs impossible d'appliquer aucune forme de la pensée, aucune idée, à un
objet purement intelligible, puisque les catégories
et les idées n'ont de sens que dans leur rapport
aux phénomènes. Donc, s'il n'y a pas de phénomène simple, notre conception d'une nature parfaitement simple est sans application possible. 3°. « Le
» monde n'est rien de plus que l'ensemble des phé-
» nomènes. » Nous avons déjà expliqué comment,
dans le système de l'idéalisme transcendental, rien
n'existe certainement, que ce dont la réalité nous
est manifestée par l'expérience. Le *critérium* de
la vérité est dans l'accord des représentations

_____

(1) Conceptus objectarum rerum purarum mereque intelli-
gibilium prorsus vacuus ab omnibus decretis usus earum, si
quidem nulla excogitari ratio potest, qua possint dari; et
cogitatio problematica, qua tamen iis locus patet, tantum,
veluti spatium vacuum, ad circumscribenda decreta empirica
facit. *Analyt. decret.* c. III.

empiriques avec les formes de l'entendement ; et
de cet accord résulte la connaissance des phénomènes. La connaissance des phénomènes est donc
la seule certaine, puisqu'elle porte seule la marque
de la vérité (1). D'où il faut conclure, que nous
ne connaissons que les phénomènes, que seuls ils
sont réels, et que leur ensemble forme et remplit
le monde.

Troisième antinomie. — La démonstration de
la liberté repose sur ce principe :

Une série indéfinie n'est pas une condition
pleinement déterminée.

Nous avons remarqué en outre dans cette démonstration : que la cause déterminante y est
considérée seule à l'exclusion de la cause productrice; que l'idée de la liberté sur laquelle porte
l'argument est celle d'une spontanéité pure et par
conséquent aveugle.

Ce sont là divers corollaires de l'idéalisme critique.—1°. Une série indéfinie n'est pas pleinement
déterminée, parce que jamais l'esprit n'en peut
achever la synthèse successive, et en accomplir l'i-
dée. En vertu des principes que nous avons déjà

(1) Intelligentia et facultas sentiendi in nobis tantummodo
conjunctæ possunt res objectas determinare. Quas si separa-
veris, visiones habebis conceptibus privatas, vel conceptus
visionibus denudatos, in utraque causa autem repræsentationes, quas nequeas ad ullam rem objectam definitam referre.
Analyt. decret., c. III.

développés, les choses réelles n'ont d'autres caractères que ceux dont l'esprit se forme ou peut se former la conception. Donc, si l'on suppose une série de conditions réelles (et il faut la supposer pour expliquer les phénomènes), cette série n'est pas complète si elle est indéfinie. — 2°. Il appartient à l'idéalisme critique comme à l'empirisme de considérer dans l'ordre des causes le fait qui détermine, à l'exclusion du principe produit. Le principe producteur, la véritable cause efficiente est une force vive, et à ce titre elle n'apparaît pas directement dans l'expérience (1), elle n'est pas un phénomène. Mais, selon la doctrine kantienne, nous ne connaissons que des phénomènes, et il n'y a pour nous d'autres réalités que celles qui se manifestent dans l'expérience. Donc les causes déterminantes sont les seules dont il faille tenir compte. — 3°. Enfin, il est naturel de regarder la liberté comme une spontanéité aveugle, quand on déclare que deux perceptions ne peuvent être unies que par un rapport nécessaire (2). Conformément à un tel

(1) Si ce n'est cependant dans l'expérience intime, dont l'idéalisme kantien nous propose une théorie très vicieuse, et qu'il assimile de tous points, sauf une différence de condition formelle, à l'expérience externe.

(2) Neque eo tamen hoc dico, has repræsentationes in visione empirica *necessario* ad se invicem pertinere, sed ope *unitatis necessariæ* apperceptionis in synthesi visionum invicem ad se pertinere. *Deduct. transc. concept. pur.* § 19.

principe, toute cause déterminante est nécessitante; une action n'a pas de motif, ou elle est la conséquence inévitable du motif. Si l'on conçoit la liberté, c'est donc à condition de ne mettre entre les actes libres et les faits qui les précèdent absolument aucun rapport. D'où il résulte que la liberté est aveugle et qu'elle n'a point de lois.

Pour prouver qu'il n'existe point de cause libre, Kant invoque les principes suivants :

Un acte libre est sans aucun rapport avec les faits qui le précèdent;

Tous les faits sont enchaînés les uns aux autres et se déterminent nécessairement;

Point d'expérience sans un lien nécessaire entre les diverses perceptions;

Il y a un fil conducteur qui conduit sûrement l'esprit parmi les événements du monde, et qui ne peut jamais être rompu.

Toutes ces propositions se rattachent à l'idéalisme transcendental.— 1°. La première est rigoureusement vraie dans la théorie de la liberté transcendentale, et cette théorie se déduit très logiquement d'une des principales lois de la doctrine critique : Entre les perceptions point de lien, ou un rapport nécessaire.— 2°. « Tous les faits sont enchaînés les uns aux autres et se déterminent » nécessairement. » C'est ce que Kant appelle la loi de l'enchaînement des causes. Si nous concevons que de deux faits, l'un soit la cause de l'autre,

nous devons le concevoir nécessairement ; la notion de cause, étant une catégorie de l'entendement, s'impose à l'expérience avec le caractère de
nécessité (1). Mais nous ne pouvons connaître aucun événement réel sans le lier à d'autres événements, comme le prouve la loi suivante : —
3°. « Point d'expérience sans un lien nécessaire
» entre les diverses perceptions. » C'est la loi que
Kant appelle le décret suprême des Analogies de
l'expérience (2). L'expérience est une connaissance objective, et, à bien voir les choses, la seule
connaissance objective qui nous puisse être donnée. Or, pour que nos représentations empiriques
deviennent les éléments d'une connaissance objective, il faut que l'entendement en fasse la synthèse,
et leur imprime l'unité de la forme ; mais cette
unité, l'intelligence ne l'introduit dans les sensations qu'en les soumettant à une catégorie ; et
comme le caractère de nécessité est inhérent à
toute catégorie, il faut conclure que la condition

(1) Conceptus necessitatem comprehendens unitatis synthe-
ticæ, esse duntaxat potest purus conceptus intelligentiæ, non
situs in perceptione, atque ille hic conceptus est *relationis
causæ et effecti*, quorum prior posterius, tamquam conse-
quens, non ut aliquid, quod in sola phantasia perceptum esse
possit, definit. *System. omn. decret. Analog. secunda.*

(2) Summum earum decretum hoc est : experientia esse
potest sola repræsentatione conjunctionis necessariæ perceptionum. *System. omn. decret.* Sect. III, 3.

de l'expérience est la représentation d'un lien nécessaire entre les perceptions (1). — 4°. « Il y a
» un fil conducteur qui conduit sûrement l'esprit
» parmi les événements du monde, et qui ne peut
» jamais être rompu. » C'est un corollaire de la
proposition précédente. Les événements du monde
sont les objets de l'expérience ; mais pour qu'ils
fassent partie de l'expérience, il faut qu'ils soient
enchaînés les uns aux autres (2). Une chaîne de
rapports nécessaires les unit tous, et cette chaîne
ne peut être rompue ; car, au point où elle serait
rompue, l'expérience cesserait, et, sans expérience,
plus de phénomène ni de réalité.

La *quatrième antinomie* a cela de particulier,
que le même argument est employé pour soute-

---

(1) Cum autem experientia in cognitione objectarum rerum ex perceptionibus cernatur, proinde relatio in existentia
variorum, non uti in tempore componuntur, sed uti objective in tempore sunt, in ea repræsentari debeat, tempus ipsum
autem percipi haud possit, sequitur, ut determinatio existentiæ rerum objectarum in tempore sola earum conjunctione
in tempore generatim, proinde non nisi conceptibus ex anticipatione conjungentibus, effici posse videatur. Quæ cum
semper necessitatem in se contineant, relinquitur, ut experientia sola esse per repræsentationem possit necessariæ conjunctionis perceptionum. *System. omn. decret. Analog.
exper.*

(2) Repræsentationes, quatenus in hac relatione (spatio et
tempore) secundum leges unitatis experientiæ conjunctæ sun:
ac determinabiles, res objectæ vocantur. *Antinom. ration.
pur. Sect.* **VI.**

nir la thèse et l'antithès (1), et que des deux côtés
on essaie de démontrer que la cause absolue doit
se trouver dans l'ordre des phénomènes. Si la
cause absolue est dans le monde, manifestement
la raison prouve avec la même force, et qu'il existe,
et qu'il n'existe pas de principe nécessaire.

Pour établir que la cause absolue est dans le
monde, Kant tire de l'idéalisme transcendental
ces deux propositions :

La cause est dans le temps qui précède son
effet ;

Ce qui est dans le temps existe comme phénomène.

1°. Comme la raison ne connaît rien par elle-
même, c'est par le secours de l'expérience que nous
arrivons à concevoir qu'il existe une nature absolue. Nous déclarons qu'une telle nature existe, parce
qu'il faut un premier terme à la série des causes
dans le monde sensible. Ce premier terme connu
par l'intermédiaire de l'expérience, est comme
l'anneau suprême auquel l'intelligence est cou-

---

(1) Kant en fait lui-même la remarque dans un scholie,
mais sa remarque ne porte pas précisément sur la partie des
deux arguments que nous signalons ici, et où se trouve le
véritable motif de l'antinomie. — Verum in hac antinomia
mirum quiddam contrarians apparet, scilicet ex eodem argumento, unde in thesi existentia naturæ primæ eliciebatur, in
antithesi, eam non esse concludebatur, idque eadem subtili-
tate. *Schol. ad antin. quartam.*

duite, en remontant par une synthèse successive la chaîne des événements et des causes. A ce titre, le premier terme est analogue aux autres, et n'en diffère que par cette propriété inexplicable de ne pas avoir de terme supérieur. Or, puisque chacune des causes secondaires est dans une des parties successives du temps, la première cause qui est à la tête de la série se trouve, elle aussi, dans une partie du temps, et précède les divers événements qu'elle produit. — « 2°. Ce qui est dans le » temps existe comme phénomène (1). » Les phénomènes seuls sont dans le temps, puisque le temps est une forme de notre sensibilité, et une condition interne des perceptions. Hors des représentations sensibles, le temps n'est plus rien qu'une forme vide ; c'est pourquoi il ne convient objectivement qu'aux phénomènes, qui sont, en dernière analyse, nos représentations rendues objectives par la synthèse intellectuelle et l'application d'une catégorie.

(1) Tempori tantum objectiva ratio competit ratione visorum seu phænomenorum ; si quidem hæc in rebus posita sunt quas tamquam sensibus subjectas agnoscimus : sed ea ratio objectiva non amplius illi competit, simul atque cogitationem a facultate sensitiva visionum nostrarum avocaveris. Non possumus pronunciare : res omnes in tempore sunt. Quod si pronuntiaveris ita : omnes res quatenus in visis sunt (sive res visioni sensitivæ oblatæ) in tempore sunt ; tum decretum istud sane erit objective verum atque ex anticipatione universale. *Æsthet. transc.* § 6.

En résumé, c'est en vertu de principes emprun-
tés à l'idéalisme transcendental, que sont démontrées : la thèse de la première antinomie, l'antithèse de la seconde, les deux propositions contradictoires de la troisième, et enfin, dans la quatrième, cette partie de la thèse, qui est retournée
contre elle par l'antithèse, et qui donne lieu à la
contradiction apparente de la raison sur l'existence de l'être nécessaire.Il n'y a donc aucune antinomie sans l'idéalisme transcendental, et la raison n'est en contradiction avec elle-même qu'en
suivant les principes de la philosophie critique.

Kant a dit plusieurs fois que les arguments produits à l'appui des thèses opposées ne peuvent être
réfutés, si l'on ne recourt à l'idéalisme transcendental (1); on trouve, au contraire, que pour les
mettre au dessus de la réfutation, il faut avoir
recours à cet idéalisme.

Que devaient prouver les antinomies ? que la
raison dogmatique se contredit elle-même. Com-

(1) Inde enim perspicimus superiora argumenta quatuor
illarum antinomiarum non præstigias esse, sed vera, nempe
si posueris, visa seu mundum sensibilem, qui illa omnia in
se cohibet, res per se ipsas esse. *Antinom. ration. pur.* sect.
VII. *Decisio critica pugnæ cosmologicæ rationis secum
ipsius.* Cf. sect. IX, § 3. — Quodque argumentum ad pro-
bandum et thesin et antithesin a me allatum polliceor defen-
dere ac tueri, eoque certitudinem antinomiæ rationi inevitabi-
lis evincere. *Proleg. ad metaph.* § 52, b.

ment le prouvent-elles? par un cercle vicieux, en imposant à la raison dogmatique les principes de la philosophie critique. Or, de deux choses l'une : ou ces principes sont admis, et la raison renonce à tout dogmatisme; ou, si elle essaie d'établir un système dogmatique, elle n'admet pas ces principes. La contradiction serait d'admettre l'idéalisme transcendental et d'en rejeter les conséquences nécessaires; mais ce n'est pas à la raison qu'il faut imputer une telle faute de logique, elle ne la commettra jamais.

———

L'idéalisme transcendental résout facilement les contradictions qu'il impose à la raison dogmatique. Le secret de cette solution est très simple, c'est de rentrer dans la logique et d'accepter les conséquences de la philosophie critique, après en avoir admis les principes. — « Nous ne connaissons que des phénomènes; les phénomènes ne sont que nos représentations sensibles unies aux formes nécessaires de l'entendement; rien n'existe pour nous en dehors de l'expérience, et l'expérience est entièrement relative à notre constitution intellectuelle. »—Voilà les différents principes qui donnent la clef des antinomies, c'est-à-dire, pour être dans le vrai, qui les détruisent après les avoir élevées. Nous ne pouvons nous proposer de discuter les diverses solutions que l'idéalisme kantien donne aux antinomies ; ce serait mettre en question toute la Critique de la Raison pure, et nous ne nous sommes proposé dans ce travail que de réfuter l'un des arguments employés dans ce grand ouvrage contre la légitimité objective de notre faculté de connaître. Mais nous devons, en terminant, indiquer ces solutions, et montrer combien peu elles satisfont l'esprit.

Les antinomies ont pour fondement les idées cosmologiques, et ces idées supposent que la totalité des conditions est donnée, dès qu'un seul phénomène dépendant d'autres phénomènes, est proposé dans l'expérience ; en d'autres termes, quand l'esprit se forme de telles idées, et qu'il leur donne une valeur objective, il regarde comme certain que le monde sensible existe réellement et indépendamment de nos représentations empiriques. C'est cette supposition que Kant combat d'abord. Voici, selon lui, sur quel raisonnement l'esprit se fonde pour concevoir comme existant réellement la totalité absolue des conditions dans le monde sensible : « Étant donné ce qui dépend » de certaines conditions, toute la série des con- » ditions est donnée ; Or, les objets de l'expérience » sont donnés comme dépendant de certaines » conditions ; Donc la série des conditions aux- » quelles les phénomènes se rattachent, est don-

» née dans sa totalité (1). » Selon les principes de
l'idéalisme transcendental, ce raisonnement est
un sophisme. La majeure parle des choses en elles-mêmes, indépendantes de l'esprit, telles que
la raison dogmatique croit les connaître ; et il est
très vrai que chacune d'elles suppose l'existence
actuelle de toutes les autres, quand elles forment
une série dont les différents termes ont entr'eux
des rapports nécessaires. La mineure parle des objets de l'expérience, mais les objets de l'expérience
n'ont pas une existence indépendante de l'esprit,
ils sont relatifs à notre constitution intellectuelle,
et la majeure ne leur est pas applicable. Les phénomènes n'étant que nos représentations empiriques considérées sous un certain point de vue, il
est faux de dire que toutes leurs conditions soient
données en même temps qu'eux. L'intelligence
atteint ces conditions par une synthèse successive
dont l'expérience est toujours la condition. Et
comme cette synthèse successive ne sera achevée
en aucun temps, non seulement on ne peut pas
dire que toute la série des conditions est actuellement donnée, mais la vérité est qu'elle ne le sera
jamais. L'idée de l'absolu gouverne l'intelligence ;
elle l'excite à remonter sans cesse dans la série
des conditions dont un terme est donné ; mais

---

(1) *Antin. ration. pur.* sect. VII. *Decisio critica pugnæ
cosmologicæ rationis secum ipsius.*

elle ne correspond à aucun objet réel (1). La majeure propose le moyen terme dans un sens, la mineure dans un autre ; donc le raisonnement est un sophisme.

La totalité des conditions n'est donc qu'une pure idée à laquelle ne correspond actuellement aucun objet ; par conséquent, on ne peut raisonnablement demander quels sont les caractères d'un objet qui n'existe pas. C'est cependant là, selon Kant, la question générale, qui donne naissance aux antinomies. Il n'y a donc rien d'extraordinaire à ce que, raisonnant sur un objet impossible, l'esprit humain se contredise.

Montrer que les contradictions de la raison ne portent que sur une idée vaine et non pas sur un objet réel, c'est résoudre les antinomies d'une manière générale. Cette solution implique, comme nous l'avons vu, que nous ne connaissons rien de réel, que toute existence est relative au sujet pensant ; qu'une chose n'est, que lorsqu'elle devient l'objet d'une expérience, et dans le temps seulement où l'expérience s'accomplit ; qu'en de-

(1) Decreto cosmologico rationis puræ , in ejus sic constituta significatione suus adhuc valor manebit , non quidem qua *axiomati* totalitatem in re objecta ut veram cogitandi ; sed qua *problemati* in gratiam intelligentiæ, proinde subjecti, ut , ideæ integritati convenienter, regressus in serie conditionum ad datum quiddam aliunde pendens instituatur et continuetur. *Antin. ration. puræ.* sect. VIII, *princip. regulat.*

hors de nos représentations actuelles ou possibles, il n'y a plus rien que le néant, ou un terme inintelligible que Kant appelle quelquefois l'inconnue (*l'x*) des métaphysiciens. Sans parler de la répugnance de l'esprit humain pour une telle doctrine, ne nous condamne-t-elle pas, et théoriquement, et pratiquement, à une contradiction perpétuelle?

Voici maintenant les solutions particulières à chacune des antinomies.

Première antinomie(1). «La thèse et l'antithèse sont également vaines, parceque le monde n'existe pas au sens où elles l'entendent. La totalité des phénomènes n'est point actuellement donnée; si elle l'était, les phénomènes auraient une existence propre. Mais ils n'existent que relativement à nous. Ainsi donc, le monde qui n'est rien de plus que l'ensemble des phénomènes, ne doit pas être considéré comme un tout réel et subsistant indépendamment de nos représentations et de nos formes intellectuelles. Demander s'il est fini ou infini, c'est faire une question qui n'a pas de sens. Ce qui est certain, c'est que nous pouvons aller sans fin d'un phénomène à un autre, et dans le temps et dans l'espace, et que leur synthèse ne sera jamais achevée. Mais de là, il ne serait pas légitime

(1) *Antinom. ration. puræ*. Sect. IX, I. Solutio idearum cosmologicarum de totalitate compositionis phænomenorum in universo.

de conclure que le monde est infini; car la synthèse est successive et ne suppose pas un tout
donné à l'avance. En un mot, le monde n'a point
d'existence réelle et indépendante : il n'est pas
fini, mais il n'est pas infini ; car ce qui n'est rien
en soi-même n'a pas de caractère propre. »

S'il n'y avait que ce moyen de résoudre l'antinomie, ce serait, il faut l'avouer, un remède hé-
roïque. La raison semble démontrer tour-à-tour
que le monde est fini, et qu'il est indéfini; on la
met d'accord avec elle-même, en déclarant que le
monde n'existe pas. Mais un tel principe ne peut
se soutenir dans la doctrine de Kant : on montre-
rait facilement qu'il n'y a pas de milieu entre le
dogme de la raison commune sur l'existence du
monde, et le système de Fichte. Ou nos représentations sont provoquées par un objet réel dont
l'existence ne dépend pas de notre entendement;
ou le moi s'oppose par une vertu merveilleuse un
objet apparent, qui n'est encore que lui-même sous
un autre point de vue. Dans le premier cas, l'ensemble des causes réellement existantes, auxquelles
doivent se rapporter nos sensations, constitue ce
que l'on nomme le monde, et la solution critique
de la première antinomie est inadmissible. Dans
le second cas, il faut admettre la Doctrine de la
Science de Fichte, et les principaux fondements de
l'idéalisme transcendental sont ruinés. A moins
de recourir au nihilisme absolu, il faut opter entre

ces deux partis. On ne peut donc, en aucune façon, s'en tenir aux termes de la solution kantienne.

Deuxième antinomie (1). « La thèse et l'anti-thèse sont également vaines, parce que le phéno-mène composé n'est pas un tout comme elles l'entendent. S'il était un tout, au sens de l'anti-nomie, il aurait une existence propre, mais il n'est que relativement à nous. Sans doute, en divisant le phénomène, nous rencontrons toujours des parties nouvelles, et cette division peut être pour-suivie jusqu'à l'infini; mais, on n'est pas, pour cette raison, fondé à dire que les parties du com-posé existent en nombre infini. Elles n'existent que lorsqu'elles apparaissent dans l'expérience, ou que l'intelligence, aidée de l'*imaginative*, les atteint par le progrès d'une synthèse successive; en elles-mêmes, elles n'existent pas. Dans un composé, les parties qui ne sont pas visibles ne sont pas données, comme est donné le composé lui-même; elles ne servent pas de fondement à la synthèse successive qui les découvre, les rend actuelles, et par là réelles, mais ne les suppose pas. Le phéno-mène composé (le seul composé que nous connais-sions), n'a donc ni éléments simples, ni parties en nombre infini; il n'est que dans l'expérience, et

____

(1) *Ibid.* Solutio ideæ cosmologicæ de totalite divisionis totius cujusdam dati in viso.

aucune réalité ne précède l'expérience, et ne se trouve en dehors d'elle. »

Cette seconde solution a le même caractère que la précédente; elle supprime l'objet sur lequel une contradiction rationnelle paraît s'être élevée. Raisonner sur un tout indépendant de nos perceptions, c'est, suivant l'idéalisme critique, raisonner sur le néant. Sans entrer dans le fond de la discussion, nous dirons encore ici que le système kantien ne peut, tel qu'il est, soutenir cette solution, et qu'il faut admettre, ou qu'il existe des objets réels et composés hors de nous, ou que l'activité du moi suffit pour expliquer tous les faits de conscience, et donner à la connaissance humaine la matière aussi bien que la forme. Le moi existe seul, ou la matière existe en opposition avec le moi; il n'y a pas d'intermédiaire. Ainsi présentée, la question est simplifiée; et pour échapper aux conclusions de la philosophie critique, la raison dogmatique n'a qu'une chose à démontrer, à savoir que le moi n'existe pas seul.

Troisième antinomie. La solution des deux dernières antinomies est toute différente de la solution des deux premières (1). En ce qui touche celles-ci, Kant soutient que la thèse et l'antithèse

---

(1) *Ibid.* Scholion finale ad solutionem idearum mathematice transcendentalium, et præmonitum ad solutionem idearum dynamice transcendentalium.

sont également fausses de toute nécessité. Relativement aux deux autres, il affirme que la thèse et
l'antithèse peuvent être également vraies. Ce qui
explique cette différence, le voici : Dans les deux
premières antinomies, il n'est question que d'une
série dont les termes sont tous homogènes ; ici, les
divers éléments d'un composé ; là, les parties semblables du monde sensible, considéré uniquement
dans son rapport au temps et à l'espace. Mais à
l'idée cosmologique des deux dernières antinomies,
correspond une série dont les termes ne sont pas
nécessairement homogènes : on peut concevoir la
cause libre hors des phénomènes, et dans d'autres
conditions; on peut concevoir la nature absolue
hors des réalités sensibles, et dans d'autres conditions. Comme il y a deux ordres distincts, celui des
phénomènes qui est réel et connu, celui des *noumènes* qui est problématique et inconnu, la thèse
peut être vraie si l'on quitte l'ordre des phénomènes, l'antithèse est vraie si l'on s'y maintient.

« La liberté existe-t-elle (1)? A ne considérer
que l'expérience, elle n'existe pas; car tous les
phénomènes sont enchaînés par des rapports nécessaires. Entrez dans le monde intelligible, elle
peut exister, car les lois des phénomènes ne gou-
vernent pas les objets qui se trouvent en dehors

(1) *Ibid.* Solutio idearum cosmologicarum de totalitate
derivationis eventorum mundanorum e causis.

de l'expérience. Rien n'empêche d'admettre qu'il y ait dans le monde des causes libres, pourvu que ces causes libres ne troublent pas le cours de la nature. Elles appartiendront alors à deux ordres d'existences bien différents; elles seront à la fois phénomènes et *noumènes*, sensibles et intelligibles. Comme *noumènes*, leur action sera purement spontanée; comme phénomènes, leurs effets seront déterminés nécessairement par les événements antérieurs (1). Un même fait se rapportera, et aux lois de la nature, et à la spontanéité d'une cause libre; il aura dans l'expérience une explication complète et nécessaire, et une origine transcendentale hors de l'expérience. Avec cette distinction, la contradiction disparaît. »

Il semble que la solution fasse une part égale aux deux membres de l'antinomie, en déclarant qu'ils peuvent être également vrais; mais, en réalité, elle élève l'un beaucoup au dessus de l'au-

---

(1) Atque hocce subjectum agens, secundum characterem intelligibilem , nullis temporis conditionibus subesset.......... effectio illius quatenus est intellectualis , neutiquam foret in serie conditionum empiricarum, eventum in mundo sensibili necessarium efficientium. — Proinde ex charactere empirico hocce subjectum, ut visum, secundum universas determinationis leges colligationi causarum subditum foret, atque hoc respectu non, nisi in parte mundi sensibilis versaretur, cujus effectu ita , uti quodvis aliud visum , ex natura necessario promanarent. *Possibilitas effect. ex libertate, in conciliat. cum lege univers. necessit.*

tre. Selon Kant, il est rigoureusement vrai, qu'à ne considérer que les phénomènes aucune action n'est libre; seulement il est possible que, dans un monde transcendental, il y ait des causes libres. Encore le terme de *possible* est-il trop fort, puisque, selon la philosophie critique, une chose n'est possible qu'à la condition de pouvoir se présenter à l'esprit dans une certaine expérience; mais il est impossible, métaphysiquement, que l'expérience nous montre une action libre. Aussi Kant, en achevant de développer la solution de l'antinomie, a-t-il soin de nous faire remarquer qu'il n'a prouvé, ni l'existence, ni même la possibilité de la liberté (1). La prétendue conciliation des deux propositions opposées revient donc à ce jugement sur la thèse, que l'on subordonne entièrement à l'antithèse: » nous ne connaissons pas de cause libre; nous ne concevons même pas la liberté; seulement, nous n'affirmons point qu'elle soit tout à fait impossible, pourvu qu'elle laisse toute leur autorité aux lois de la nature, et aux événements du monde leur caractère de nécessité. » Kant dit expressément que les effets des causes libres, s'il y a de telles causes, doi-

---

(1) Sed probe notandum est, nos ea re non *veritatem* libertatis, voluisse evincere..... Jam vero ne animus quidem fuit, *possibilitatem* libertatis probandi ; neque enim hoc succissset.

vent s'expliquer parfaitement en vertu des lois de la nature, et comme si la liberté n'existait pas (1). Est-ce là une solution que la raison puisse accepter? N'est-ce pas manifestement résoudre une contradiction apparente par une contradiction réelle? Si l'acte d'une cause libre a toujours sa raison complétement déterminante dans les lois de la nature, il n'est plus l'acte d'une cause libre, quelque idée que l'on se forme de la liberté (2). Dire que la liberté est possible, à la condition de ne troubler en rien le cours naturel des événements, c'est dire que la liberté peut exister, à la condition de n'exister pas. Quelle différence y a-t-il entre la solution et l'antinomie?

Quatrième antinomie (3). « Elle se résout, dans l'idéalisme transcendental, en vertu de la distinction, déjà employée, entre les phénomènes

(1) Etenim hoc modo subjectum agens, est causa phænomenon, cum natura, indissolubili ratione omnium actionum suarum aliunde pendentium quasi concatenatum teneretur. *Explanat. ideæ cosmol. libertatis.*

(2) Kant en convient lui-même, dans la démonstration de l'antithèse: « Neque enim dici potest, pro legibus naturæ, libertatis leges ad causalitatem accedere cursus cosmici, quoniam hæc, si ex legibus determinata esset, non in libertate versaretur, sed ipsa nihil quidquam aliud quam natura foret. *Antith. tert.*

(3) Solutio ideæ cosmologicæ de totalitate dependentiæ phænomenorum, quoad existentiam in genere.

et les *noumènes*. Les deux thèses peuvent être également vraies, l'une n'occupant l'esprit que du monde sensible, l'autre le conduisant dans le monde intelligible. Tous les phénomènes sont déterminés par d'autres phénomènes, et il est impossible de ne point rattacher un événement accompli dans le temps, à un fait qui l'ait précédé dans le temps. Mais on peut supposer, en dehors des conditions du temps et de l'expérience, une cause absolue, qui soit entièrement transcendentale, et qui produise ses effets dans le temps, à la condition de ne pas déroger aux lois de l'expérience. Sans doute l'intelligence ne peut rien saisir dans le monde intelligible ; nous n'y connaissons rien, et même nous n'y concevons rien ; mais nous ne sommes nullement fondés à nier la possibilité des *noumènes*. Le monde intelligible peut exister, pour ainsi dire, parallèlement au monde sensible ; il n'y a rien de contradictoire à ce que le monde sensible s'y rattache, mais, toujours, sauf les lois de l'expérience, qui sont, de leur côté, des conditions certaines de l'existence des phénomènes. »

Cette quatrième solution est celle que la raison accepterait le plus volontiers. La cause absolue étant éternelle, il n'est pas invraisemblable que le monde, son effet, remplisse tous les temps. Mais il ne faut pas dire que les deux propositions opposées peuvent être également vraies, car l'an-

tithèse sera perpétuellement fausse, les phénomènes se rapportant sans cesse à la cause absolue.
Ajoutons que la thèse est, dans cette solution,
comme dans la précédente, subordonnée à l'antithèse, c'est-à-dire, la proposition vraie à la proposition fausse. Kant déclare encore, au sujet de
la cause absolue, qu'il n'en a démontré ni l'existence, ni même la possibilité (1). Ainsi l'idéalisme critique accorde à peine à la thèse de ne pas
être absolument fausse, tandis qu'il conserve à
l'antithèse toute sa force : est-ce là une conciliation ? et cette solution n'est-elle pas de nature à
satisfaire l'empirisme le plus exagéré ? La raison
du genre humain ne reconnaîtra jamais que l'existence de l'être absolu soit purement problématique. La démonstration d'une telle existence est
tellement évidente, qu'une doctrine ne peut la
révoquer en doute sans se confondre elle-même.
Il est de toute impossibilité qu'un système philosophique contienne une proposition plus solide
et d'une vérité plus manifeste que celle-ci : Si
quelque chose existe, l'être absolu existe.

Les solutions de l'idéalisme transcendental
seraient un triste refuge, si l'on ne pouvait
échapper, que par elles, aux contradictions que

---

(1) Non est animus existentiam absolute necessariam naturæ cujusdam evincere, neve vel possibilitatem modo condi-
tionis cujuspiam mere intelligibilis visorum in mundo sensibili in illa constituere. *Solutio antinom. quart.*

Kant reproche à la raison dogmatique. Mais heureusement, elles nous offrent un secours inutile : c'est l'idéalisme transcendental lui-même qui, en s'imposant à la raison, la ruinant et la provoquant à la fois, donne naissance à des antinomies qui s'évanouissent, dès que la raison est rendue à ses propres forces, à ses principes éternels, à sa logique inattaquable.

Vu et lu,

à Paris, en Sorbonne, le 27 juillet 1841,
par le doyen de la Faculté des Lettres de Paris,

J.-Victor LE CLERC.

Permis d'imprimer,

L'inspecteur-général des études, chargé
de l'administration de l'Académie de Paris,

ROUSSELLE.

Cette thèse sera soutenue par N. H. Alfred LORQUET, ancien élève de l'École normale, licencié ès-lettres.

www.ingramcontent.com/pod-product-compliance
Lightning Source LLC
Chambersburg PA
CBHW060148100426
42744CB00007B/942